Haikus para inspirar

Poesía breve para transformar tu día

Sara Perry

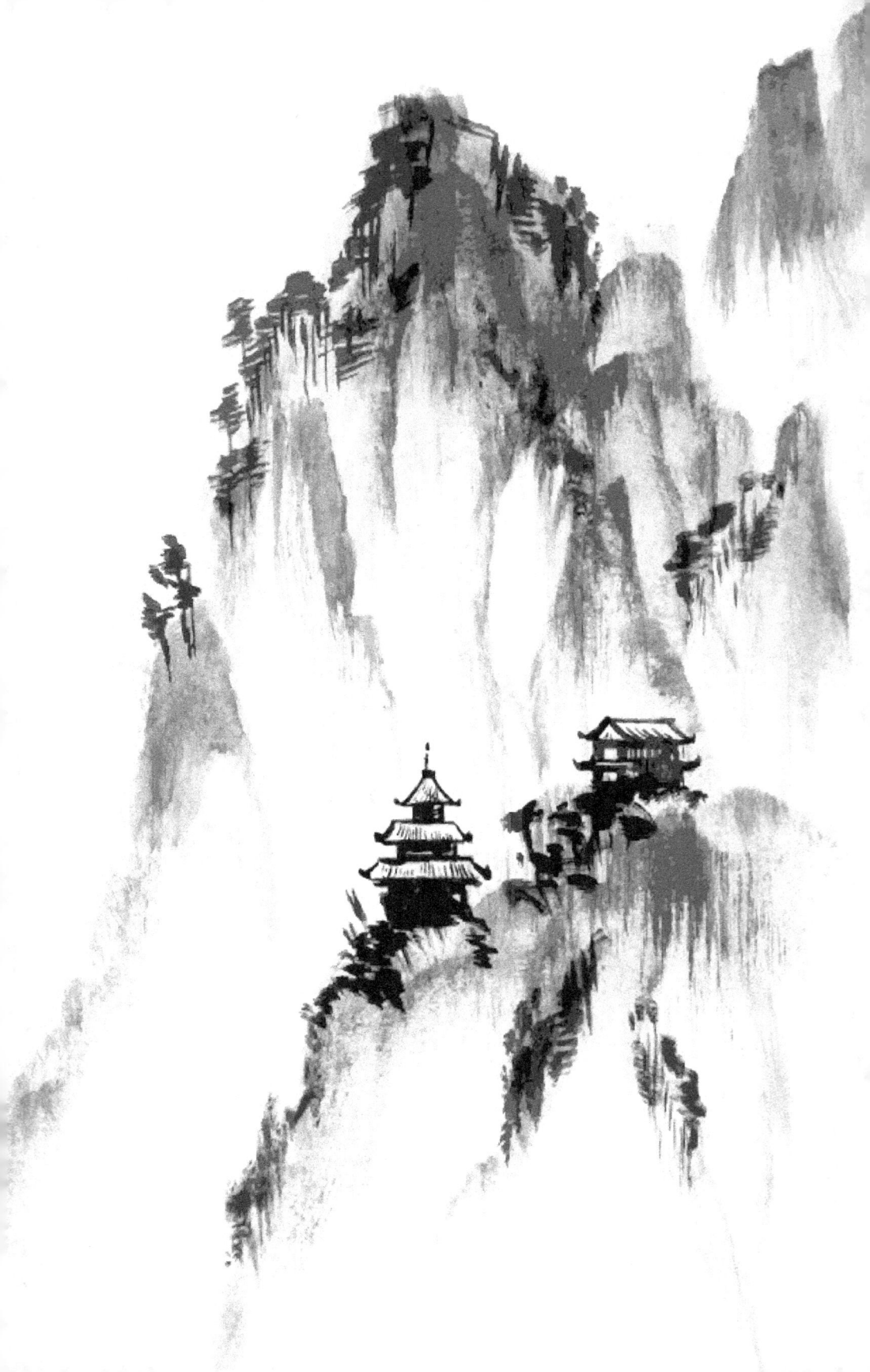

ÍNDICE

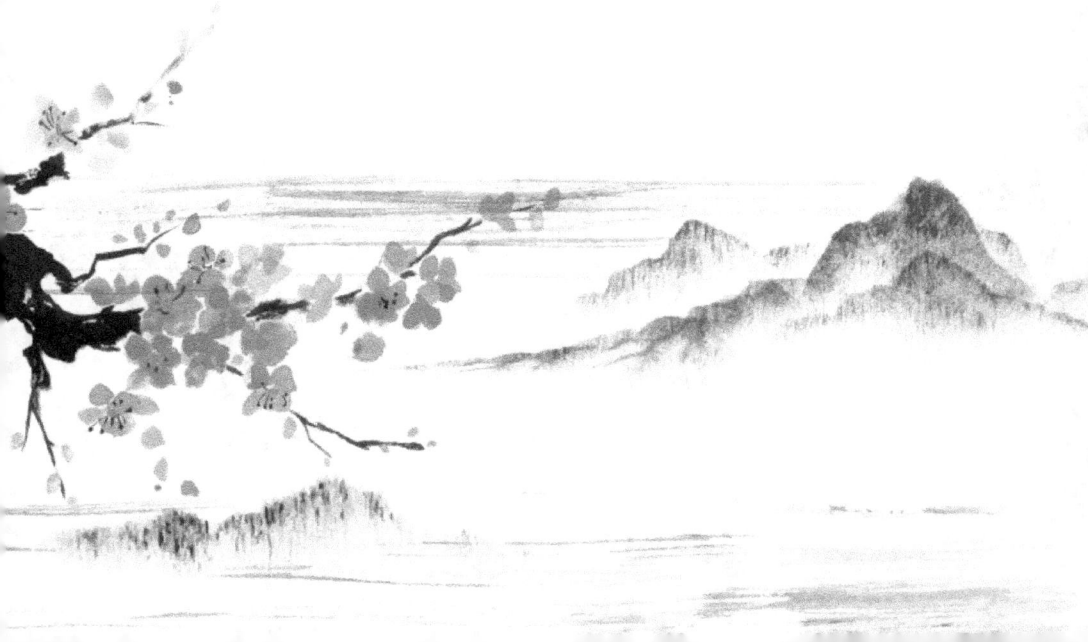

Tímidamente
surgen los rayos del sol
en este frío amanecer de invierno.

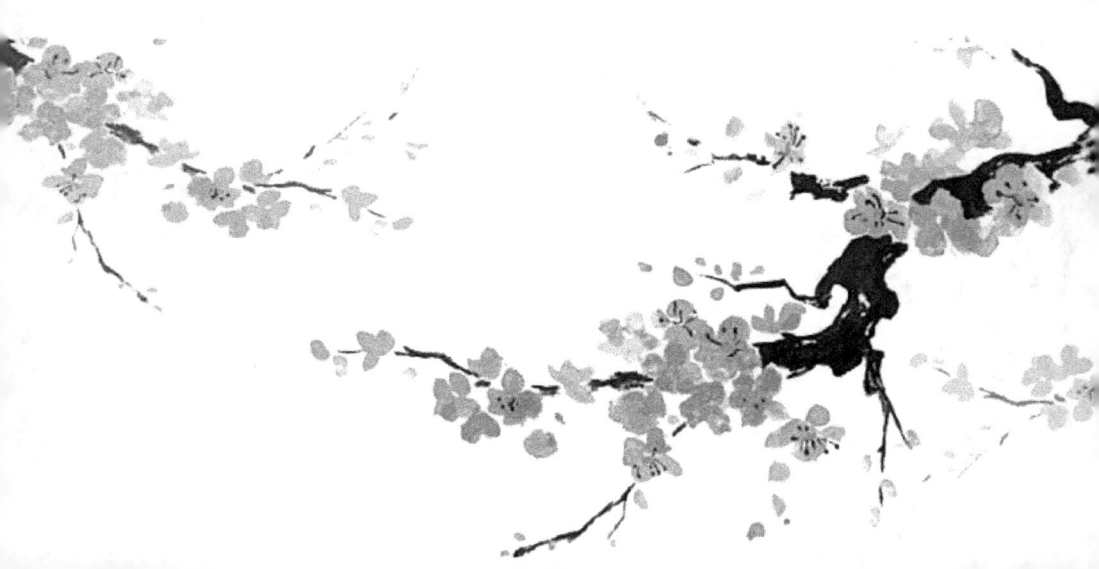

Sol de primavera,
pétalos danzan al viento,
belleza fugaz.

Bosque de sueños,
susurros entre las ramas,
verde sin final.

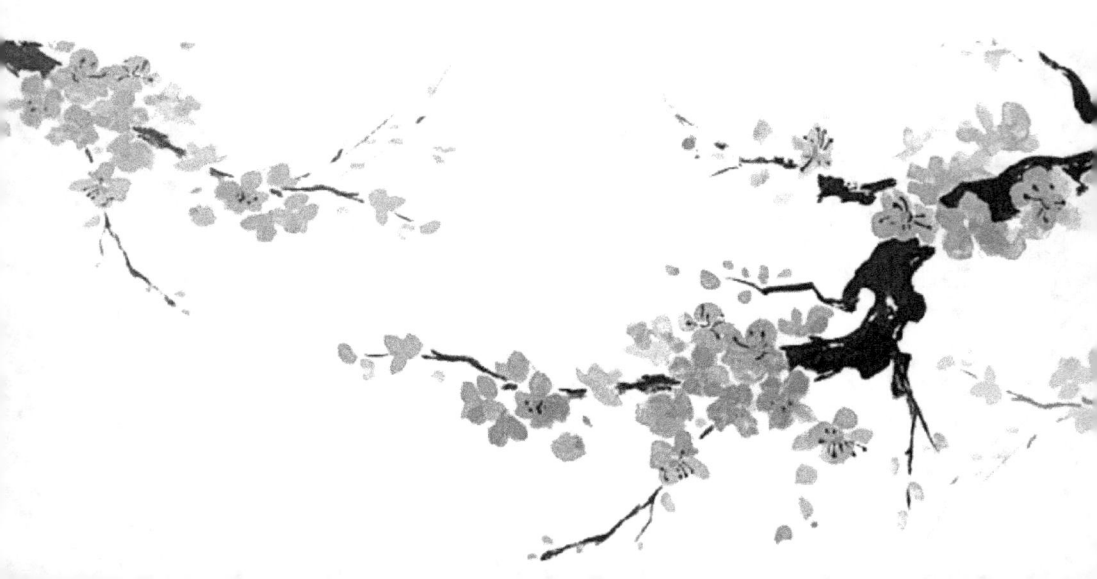

Noche estrellada,
susurros del viento danza,
sueños en el mar.

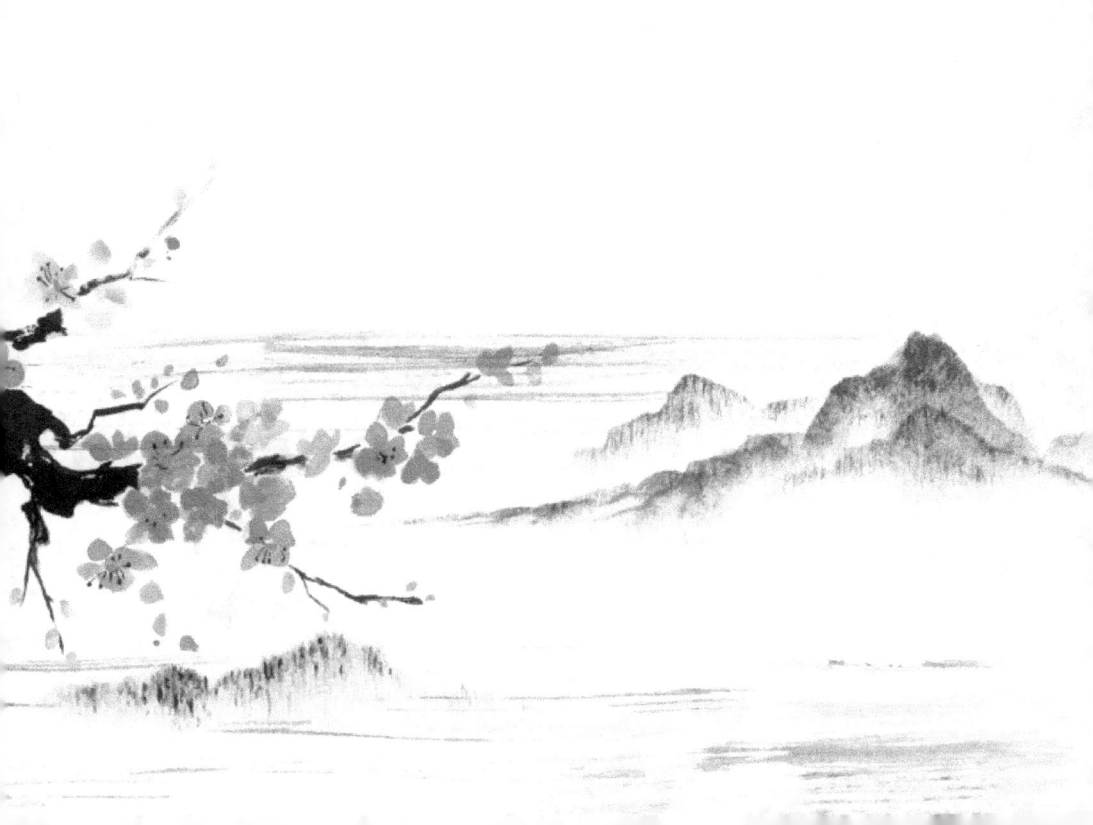

Río que murmura,

historias del bosque verde,

Sus aguas susurran.

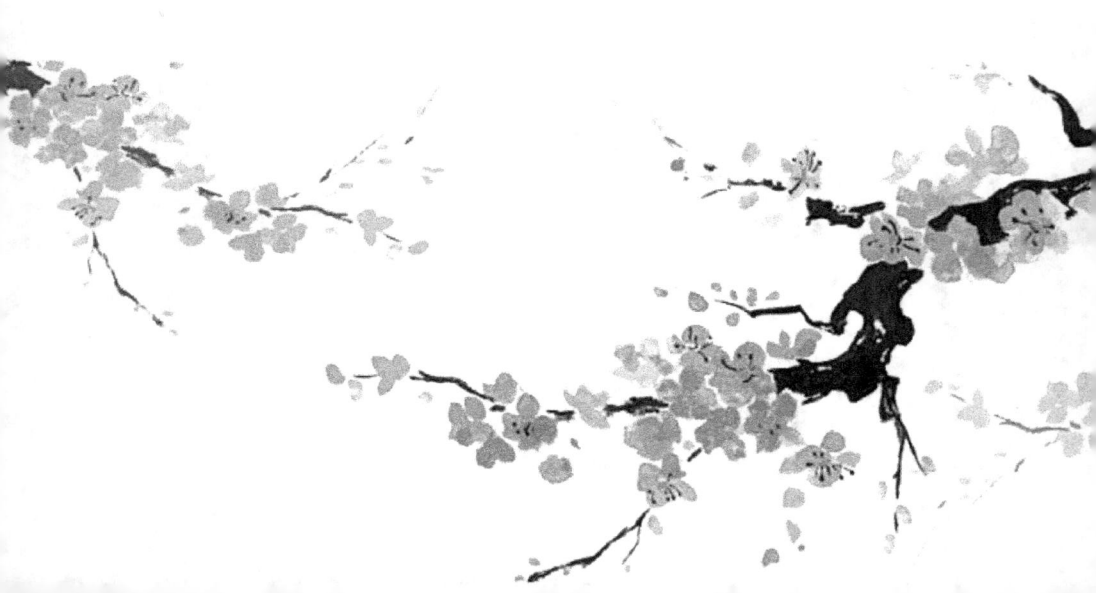

Barco de la risa,
Matthew, ola de humor,
mar de alegría.

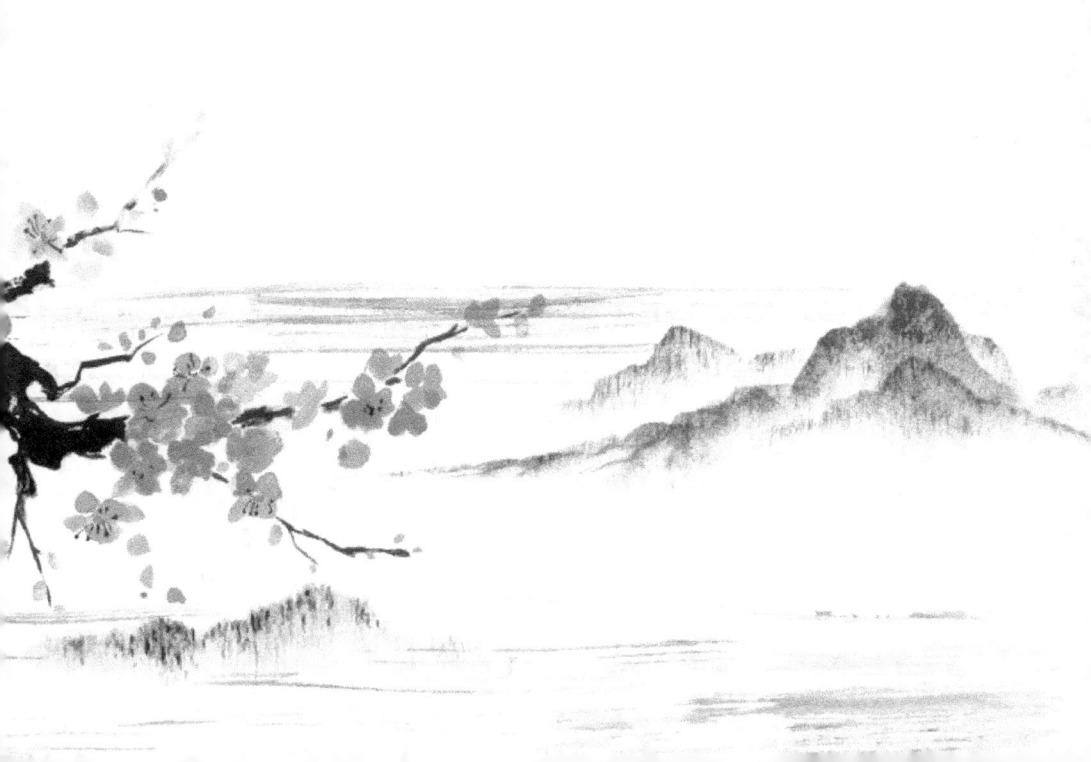

Mar en calma duerme,
besa la arena en susurros,
historias de sal.

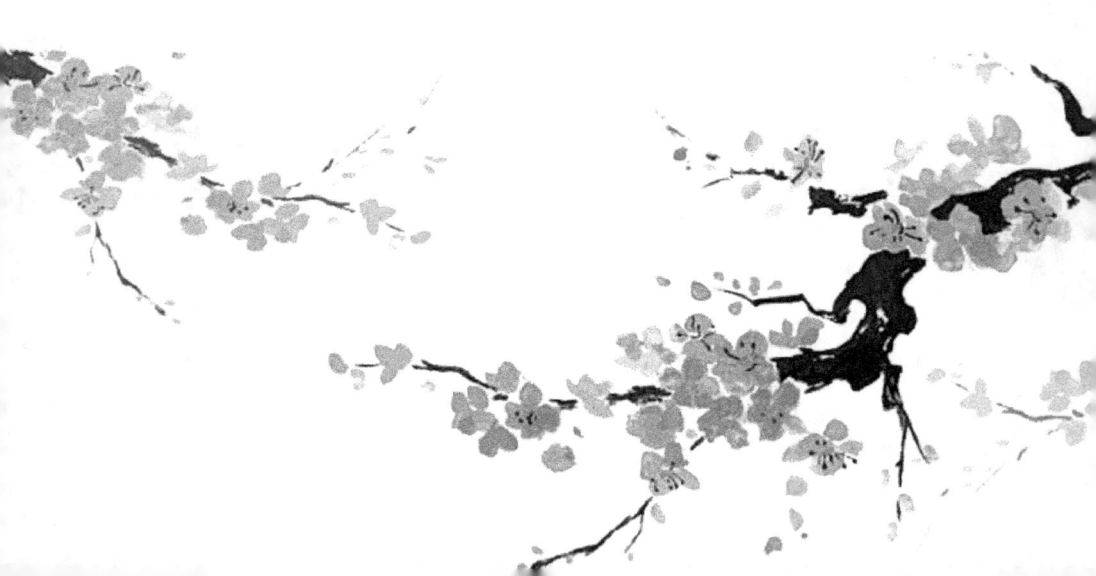

Montañas de luz,
amanecer en silencio,
pintura del alba.

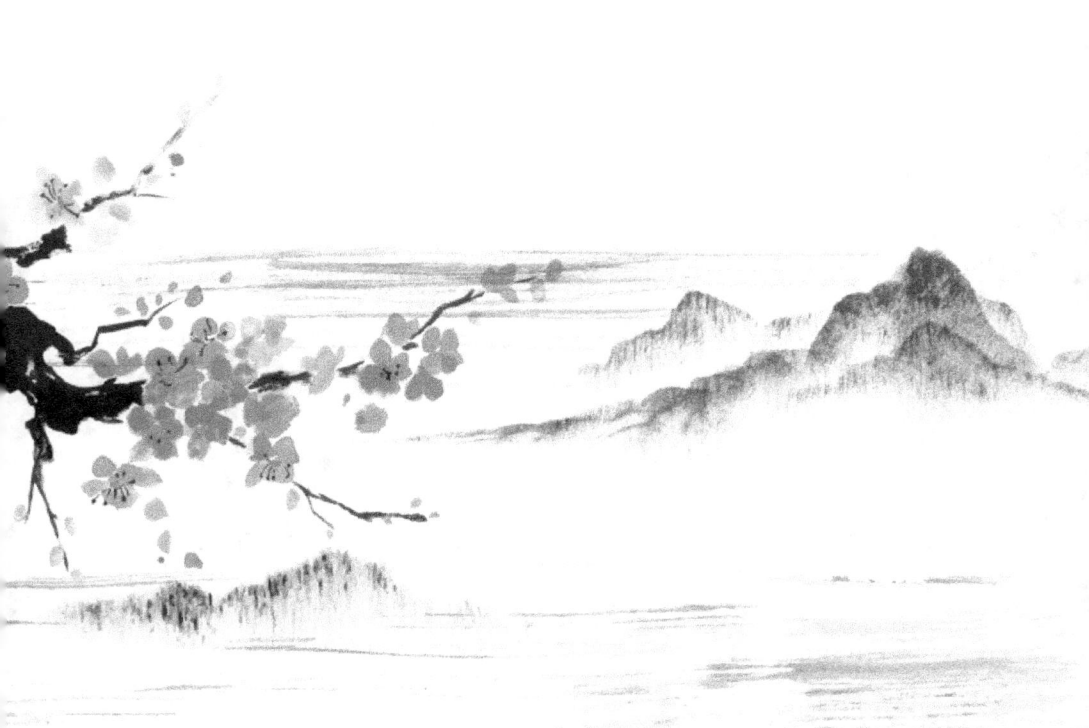

En friends eterno,
Chandler, Perry nos ríe,
risas de encuentro.

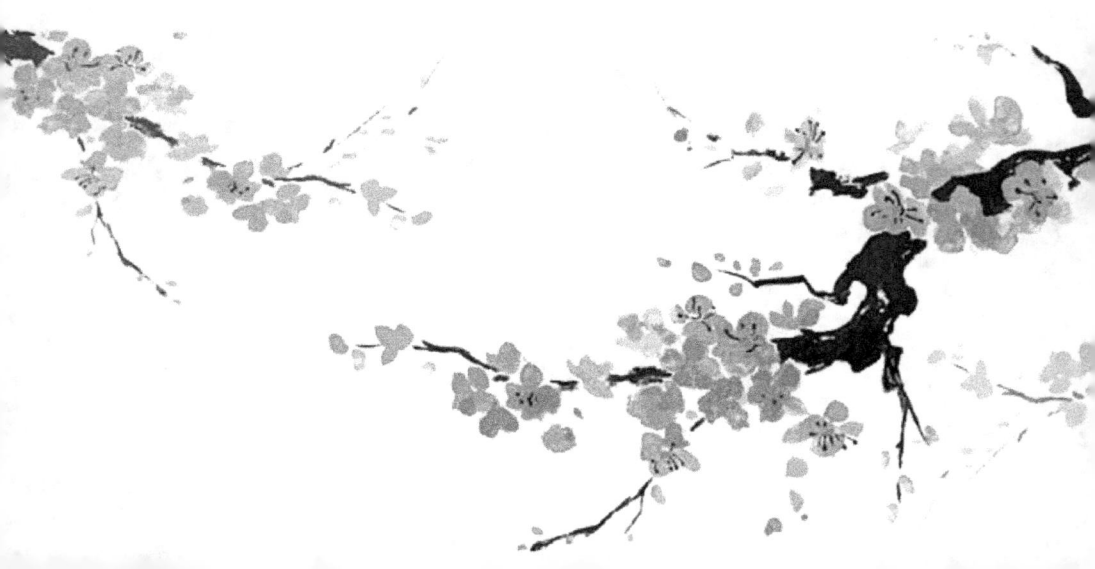

Montañas de sal,
atardecer en quietud,
cielo eterno abraza

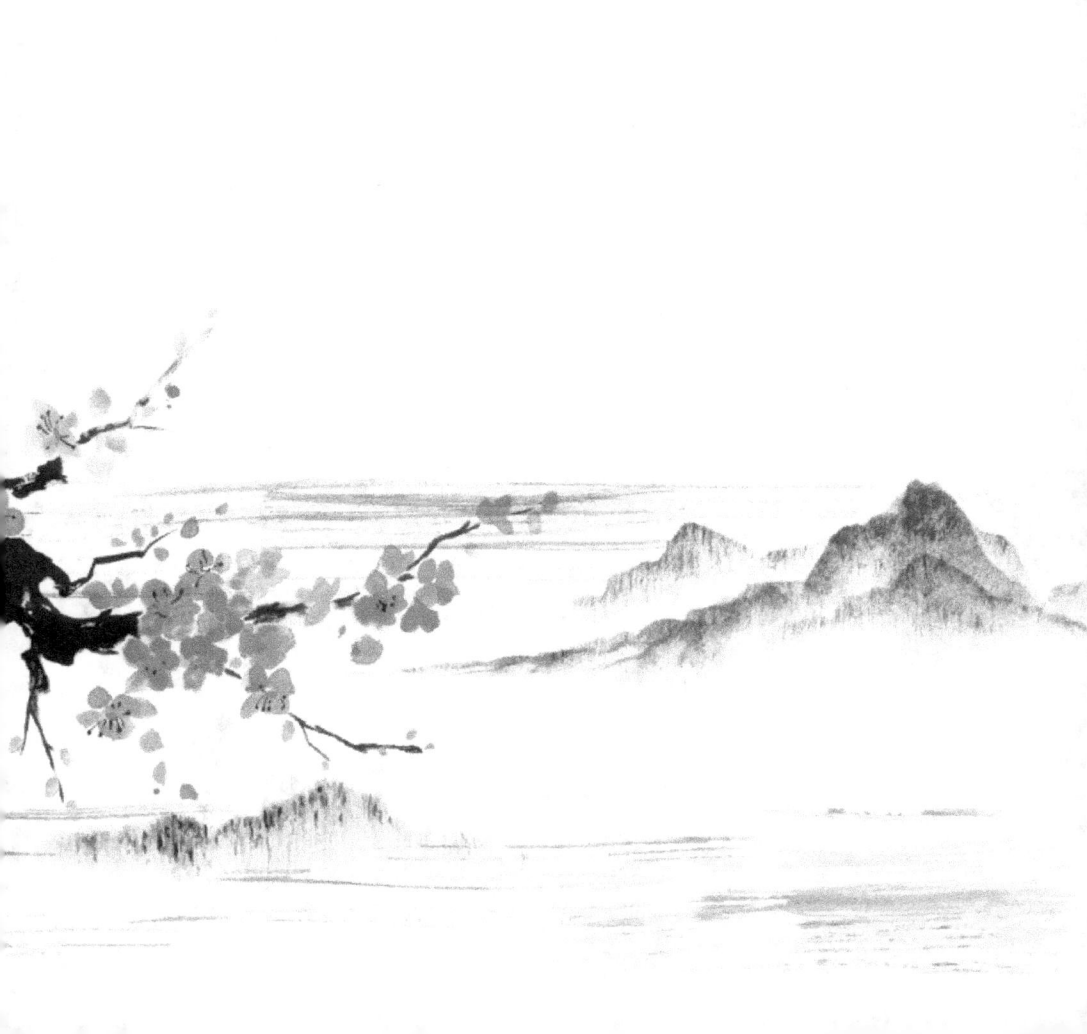

Cielo estrellado,
suspiros de la noche,
versos que fluyen.

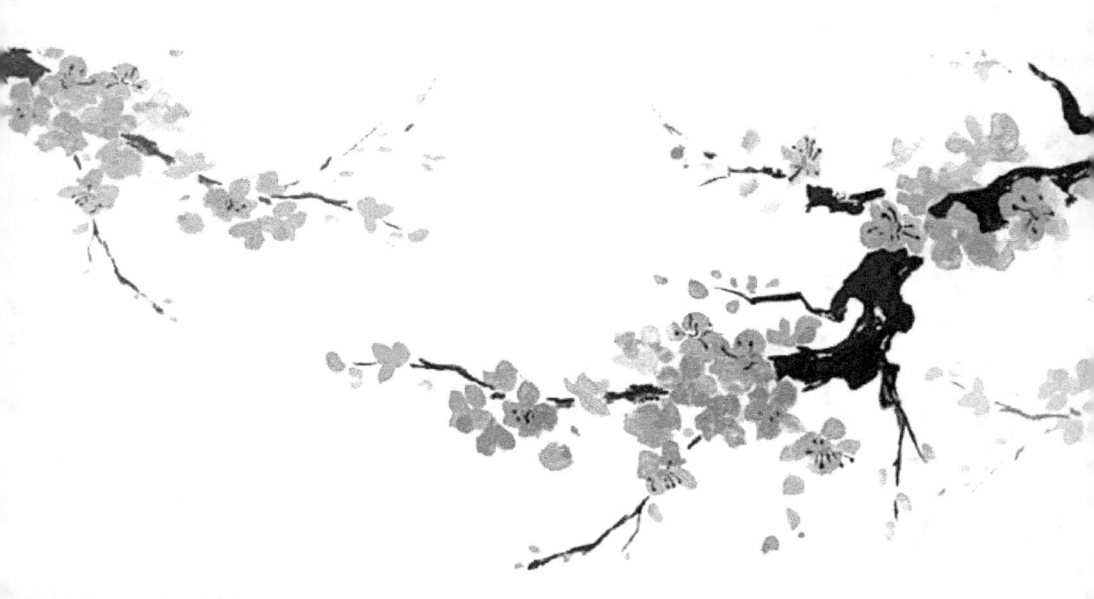

Campanas resuenan,
risas como regalos,
Nochebuena canta.

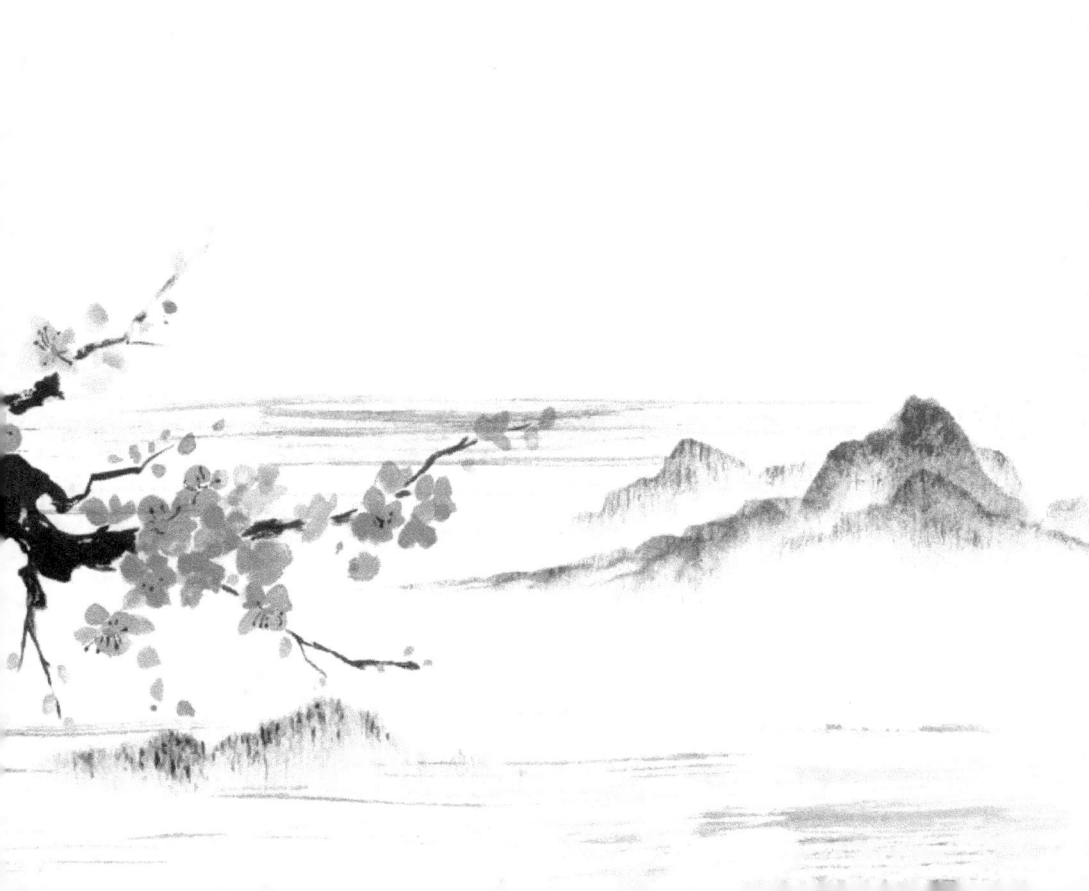

Llanto de la lluvia,
hojas bailan con el viento,
naturaleza canta.

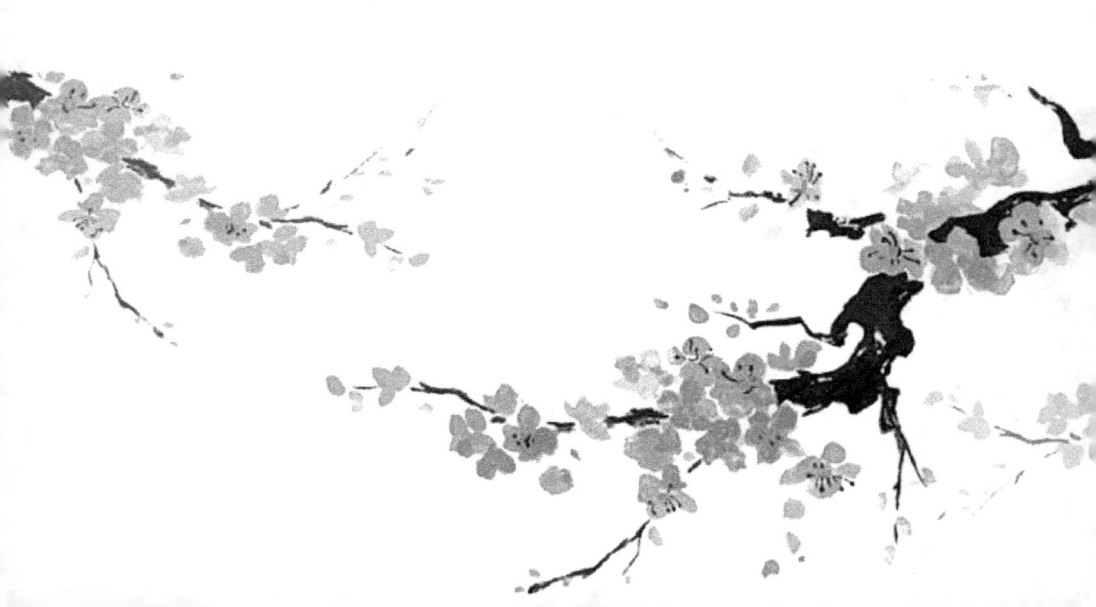

Central perk susurra,
risas danzan como hojas,
Friends, eterna luz.

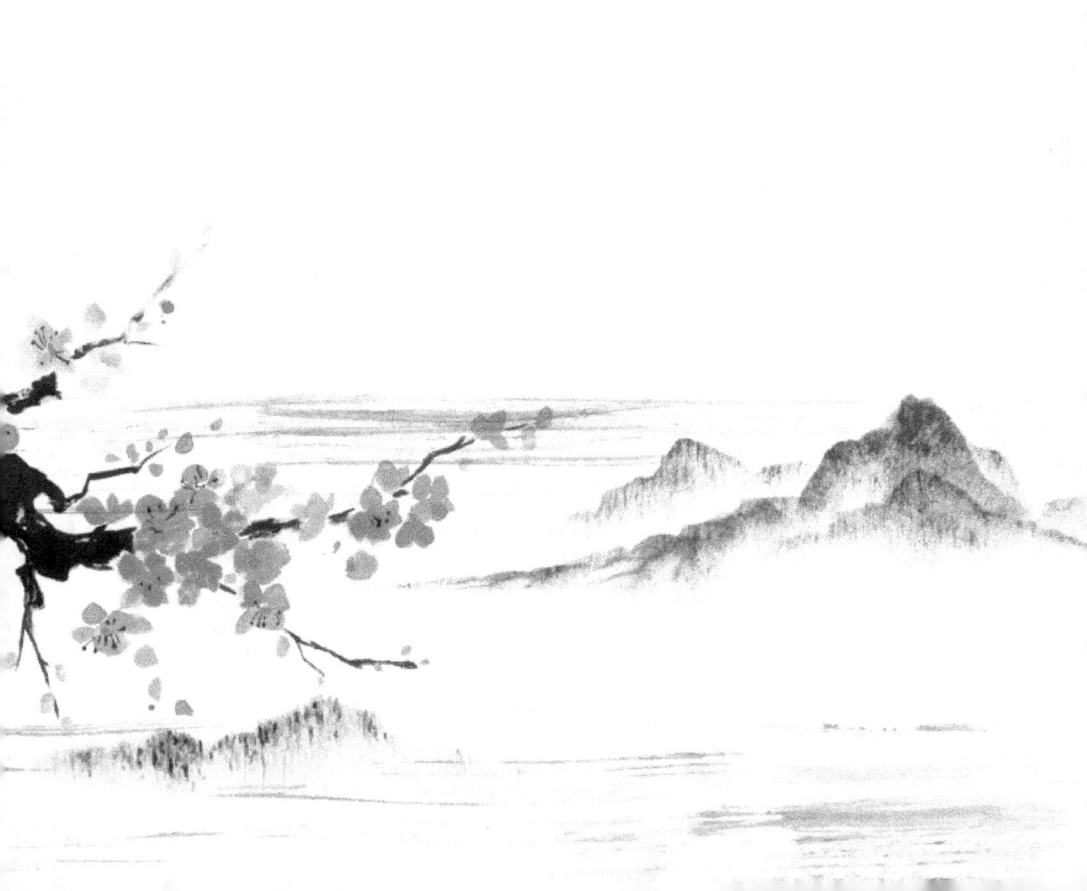

Hoja que cae,
momento suspendido,
presente fluye.

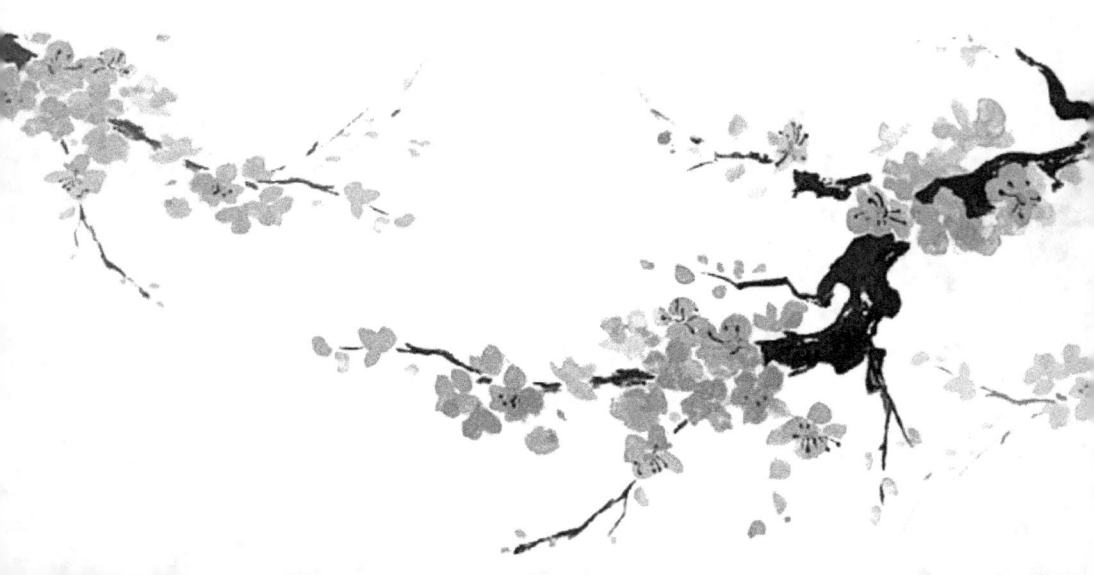

Aire que abraza,
cada segundo palpita,
ahora, eternidad.

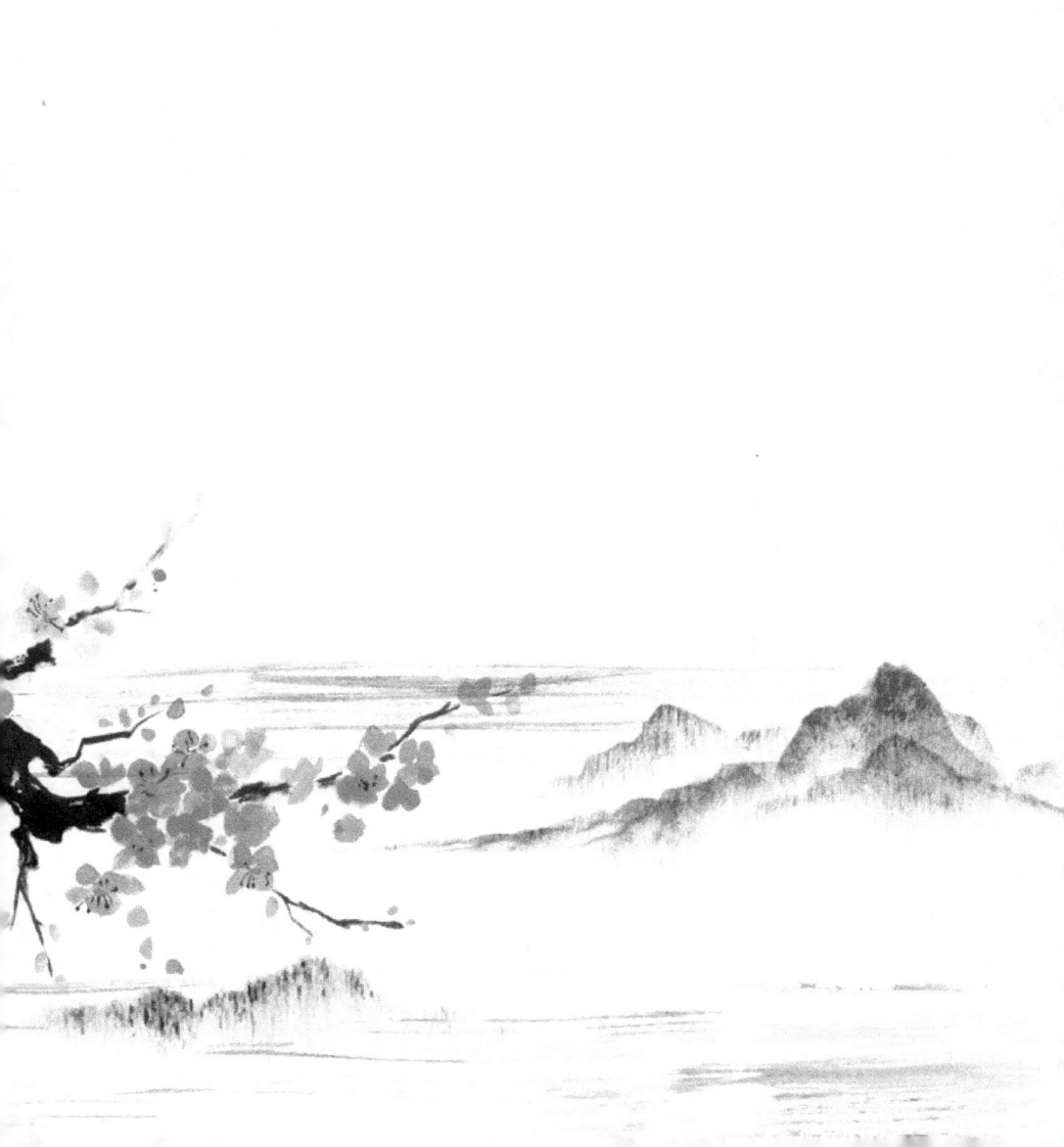

Sol en el cenit,
instante en plena luz,
presente danza.

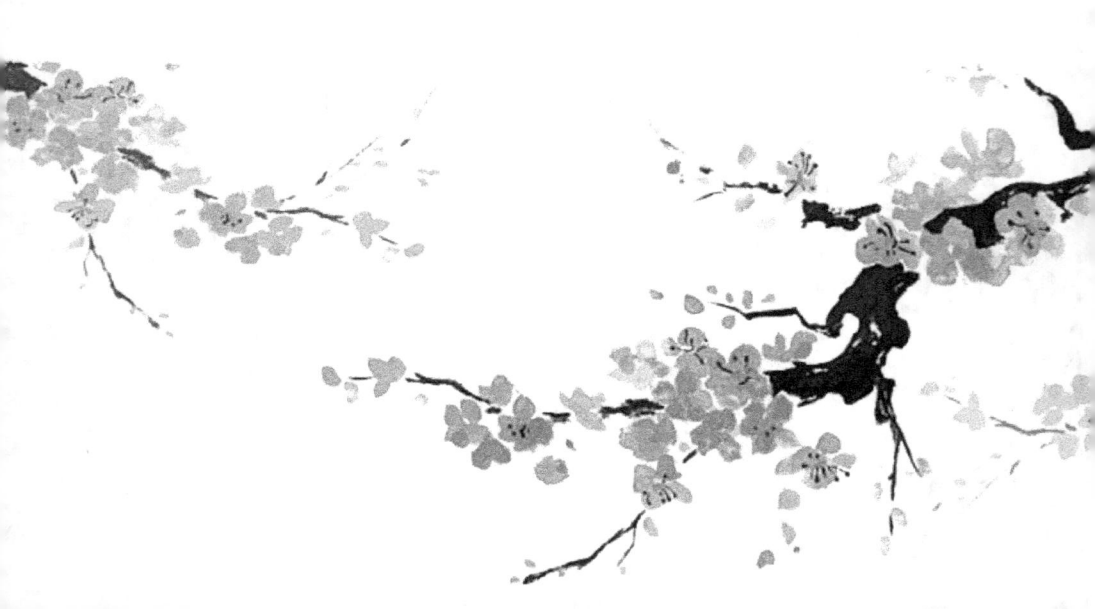

Copos danzan,
luz, noche de magia y paz,
Navidad se viste.

En escena, Perry,

risas que fluyen como río,

teatro de alegría.

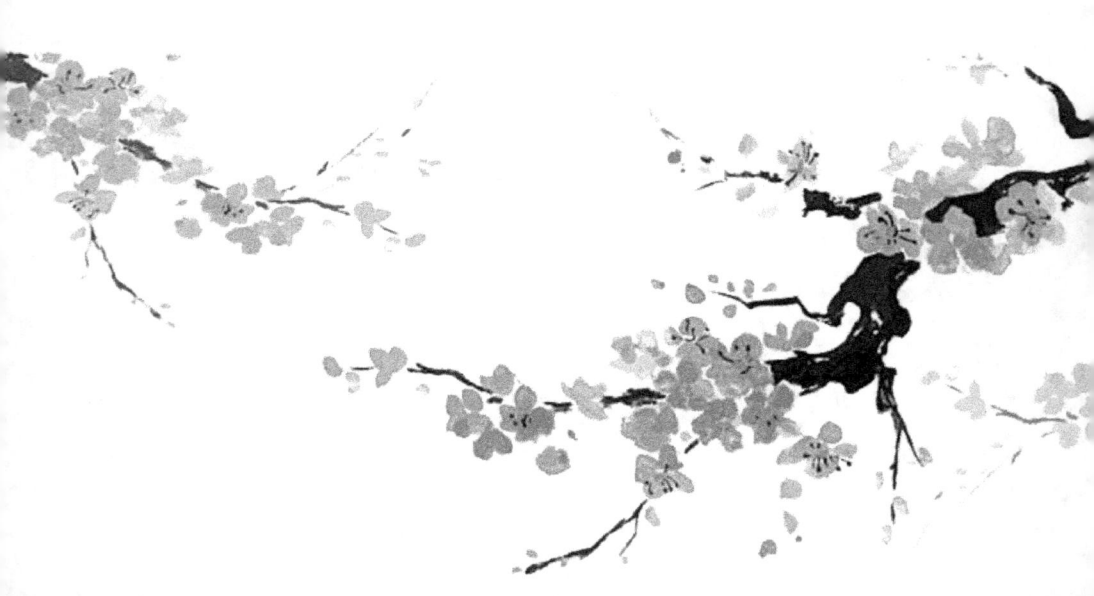

Cielo azul pintado,
pétalos de luz caen,
flores del silencio.

Luces en el abeto,
aroma a sueños nuevos,
Navidad despierta.

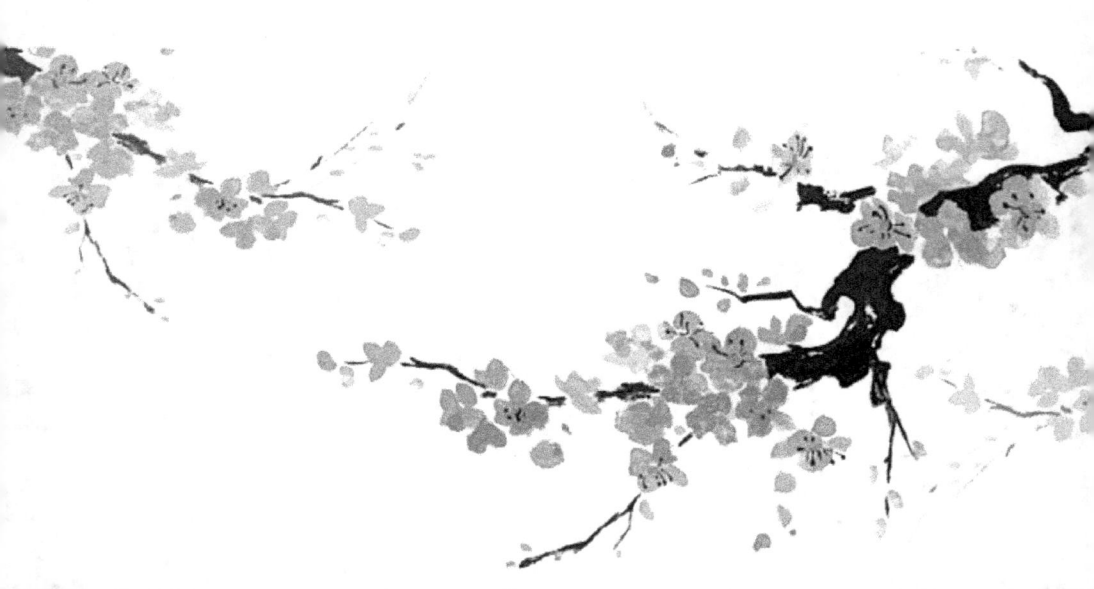

Bosque de suspiros,
árboles guardan secretos,
eco de sueños.

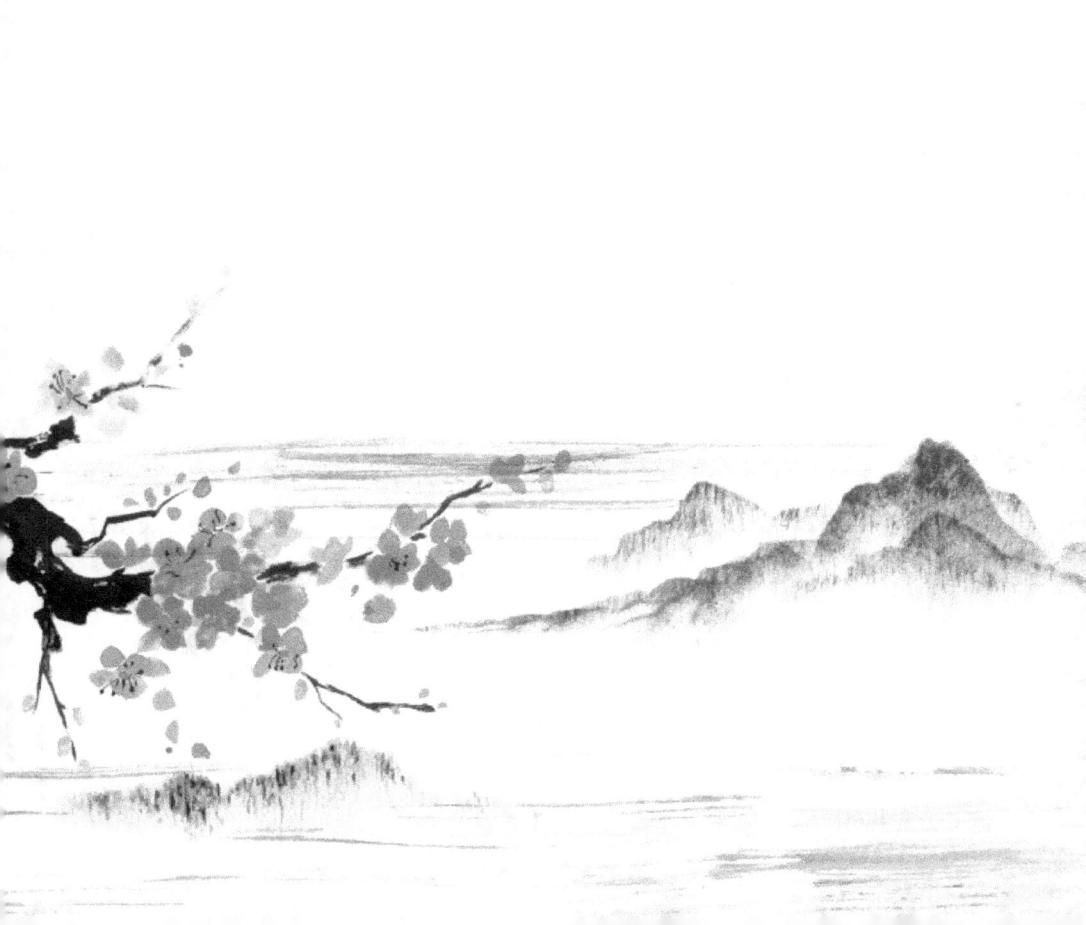

Luz de luna pálida,
susurros del universo,
noche en meditación.

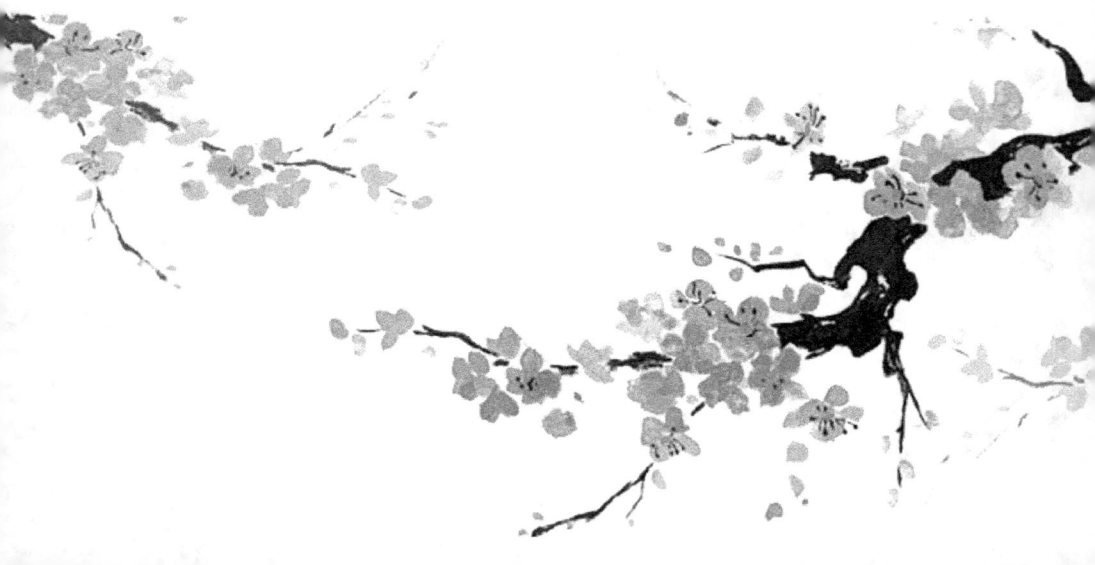

Caminos de viento,
hojas danzan en el aire,
historias sin fin.

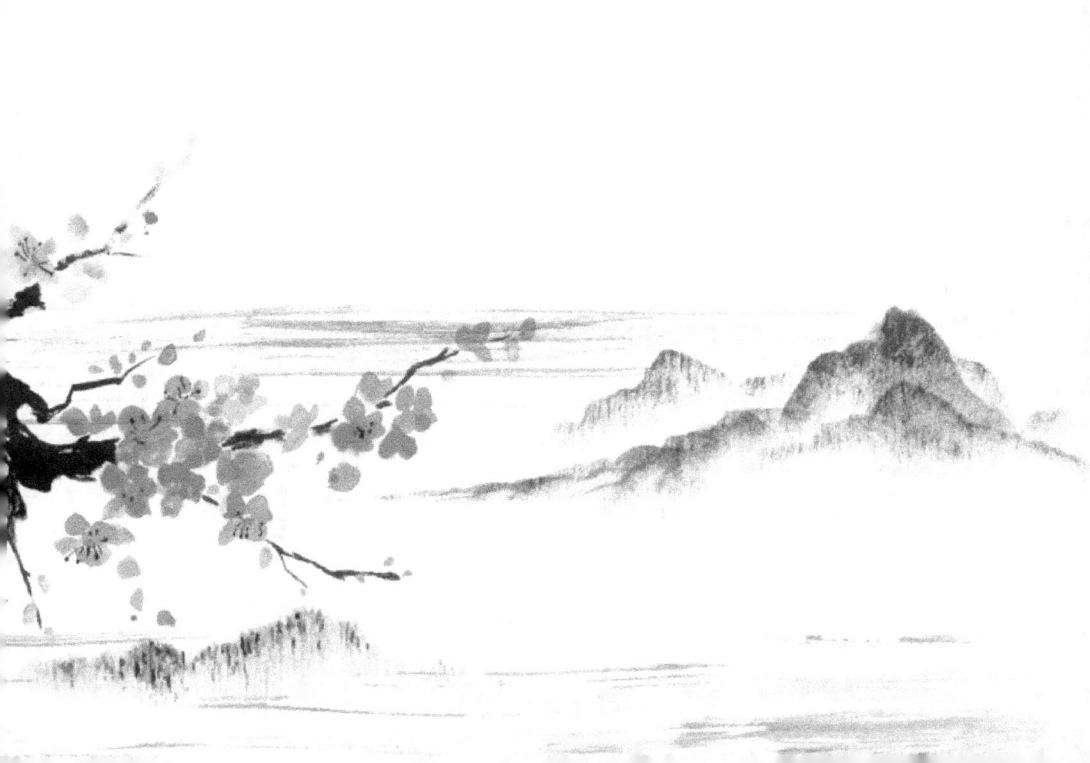

Mirada de mar,
olas cuentan sus secretos,
silencio profundo.

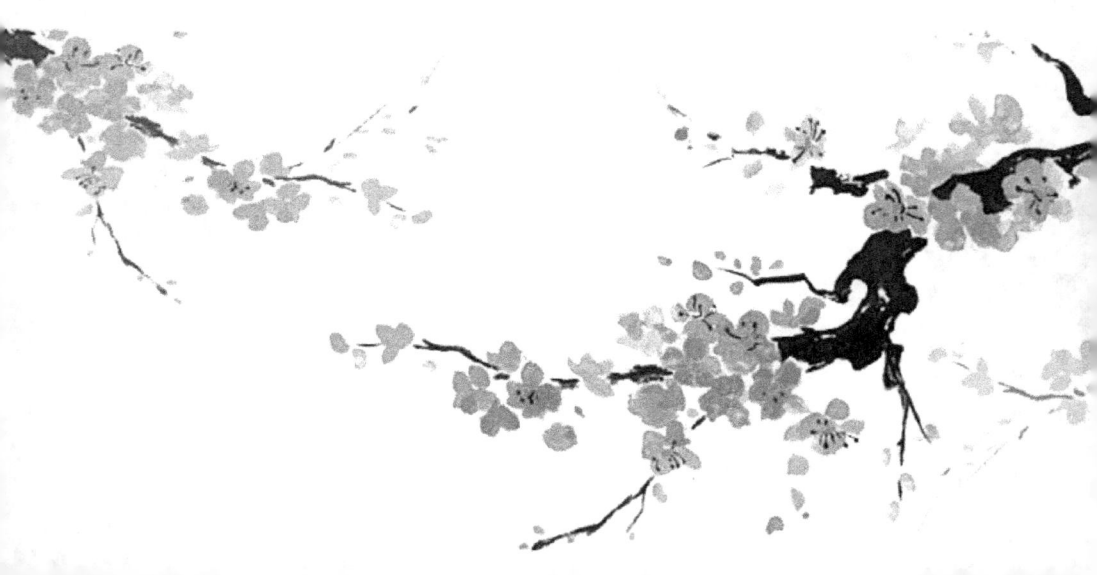

Entre sombras grises,
destellos de esperanza,
sol en el invierno.

Hoja que cae,
danza efímera del otoño,
suelo la recibe.

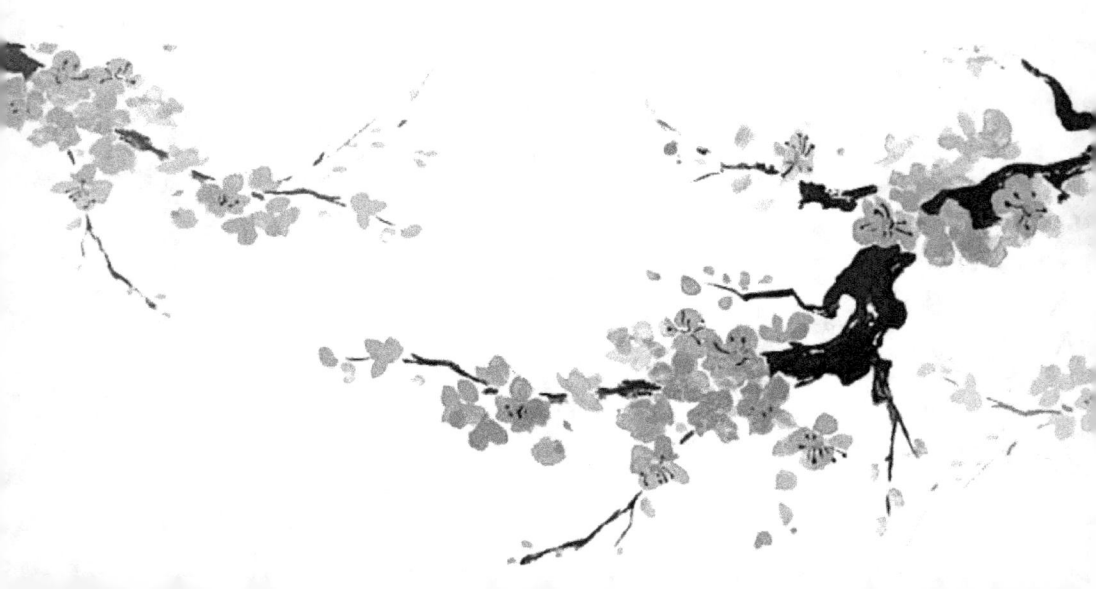

Vuelo de gaviota,
aire abrazando
las alas, cielo en libertad.

Ola en su cenit,
espuma besa la orilla,
mar en plenitud.

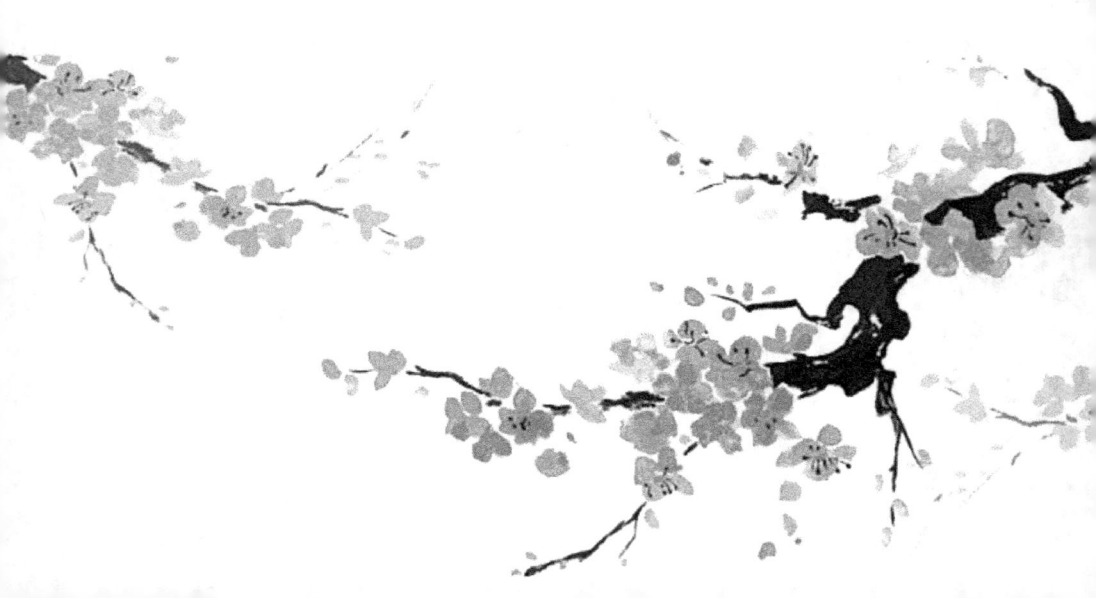

Gota en la hoja,
equilibrio en la rama,
naturaleza.

Reloj sin pausa,
tic-tac en la eternidad,
tiempo se desliza.

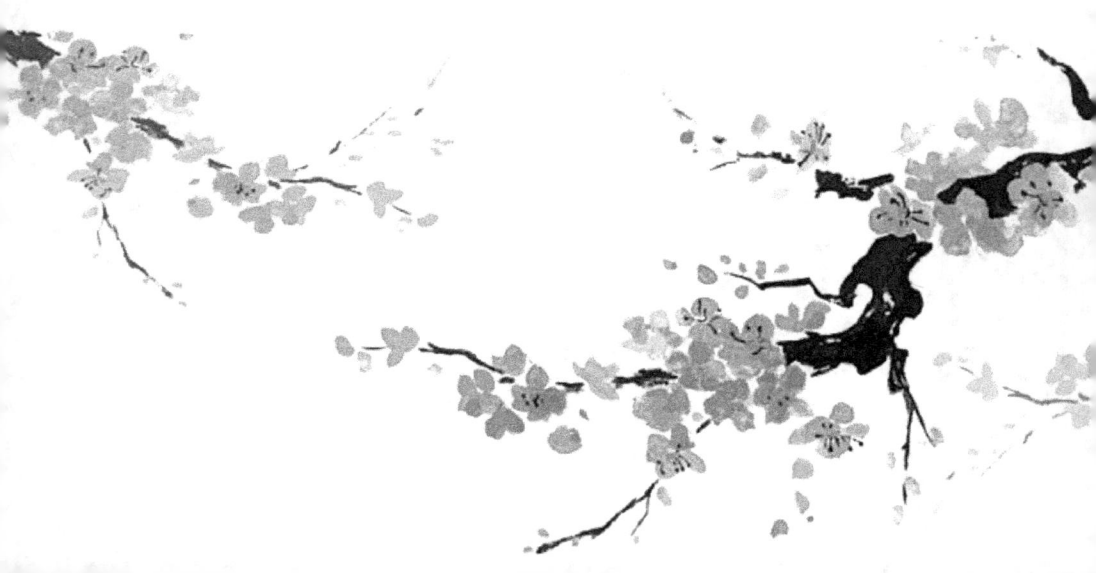

Muralla antigua,
silueta en la montaña,
historia se abraza

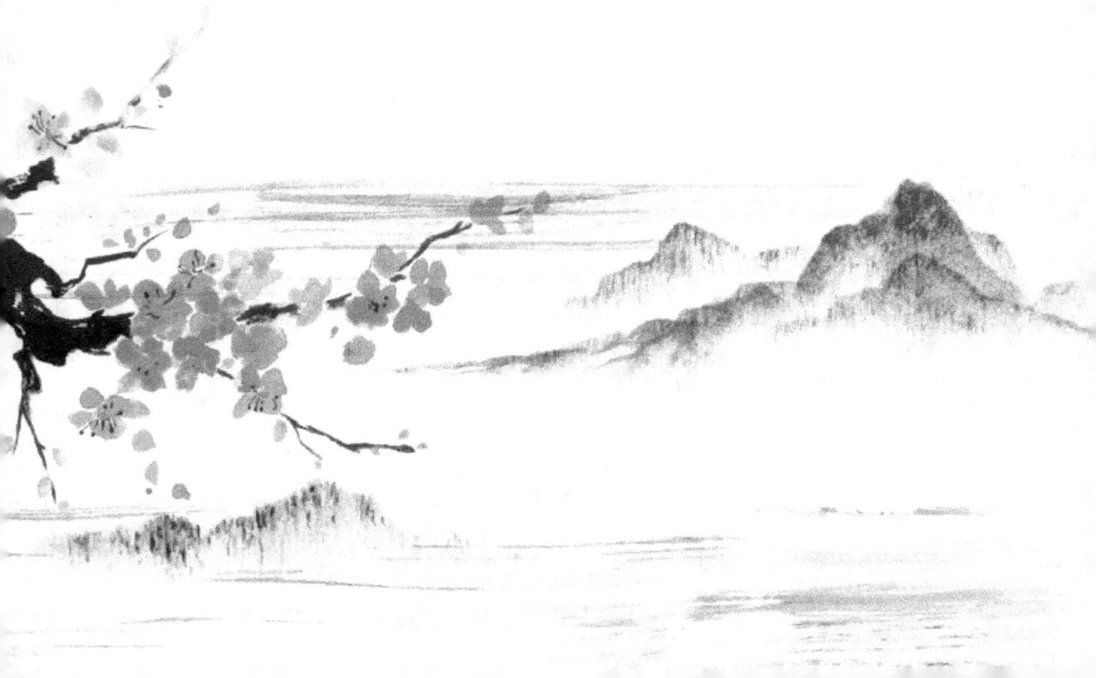

Susurros de hojas,

bajo el sol, danza el viento,

bosque en calma eterna.

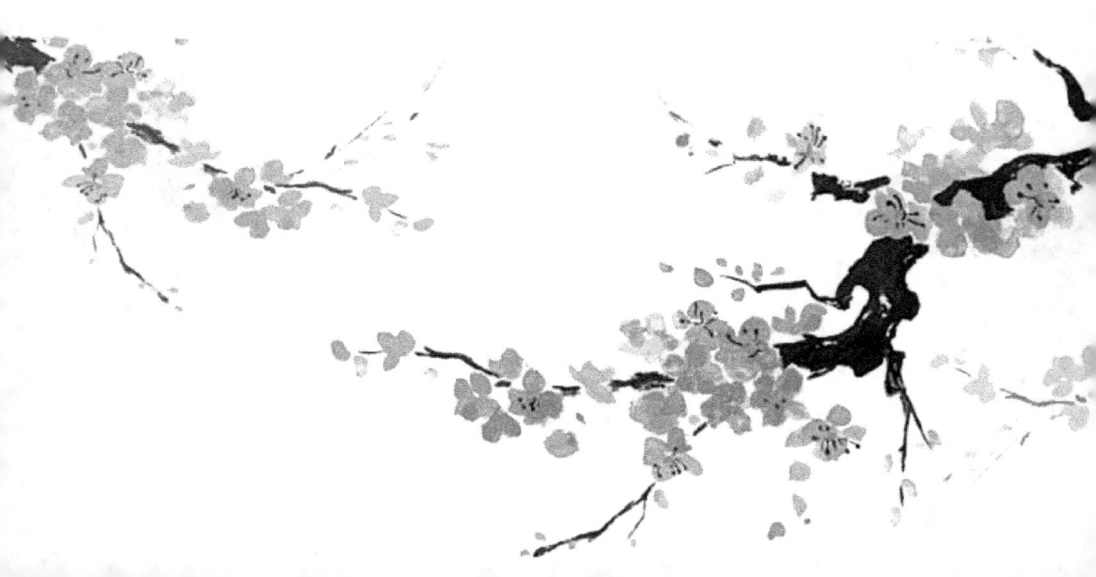

Montañas de jade,
ríos que cantan historias,
naturaleza.

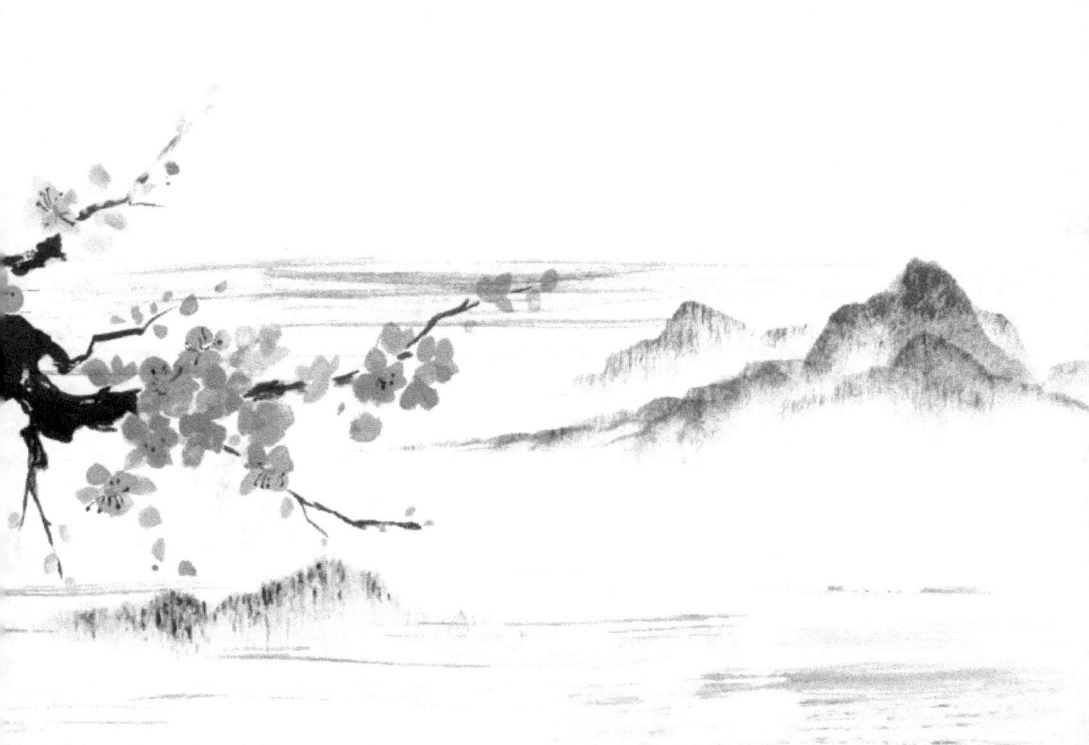

Cielo azul pintado,
pétalos de luz caen,
flores del silencio.

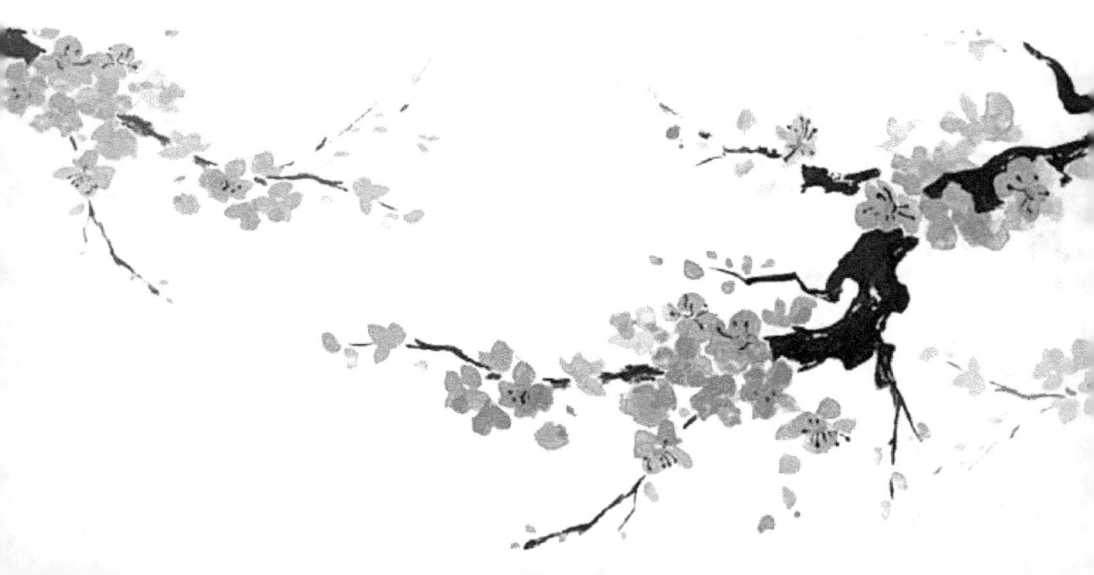

Camino de santiago,

peregrinos y estrellas,

Galicia guía

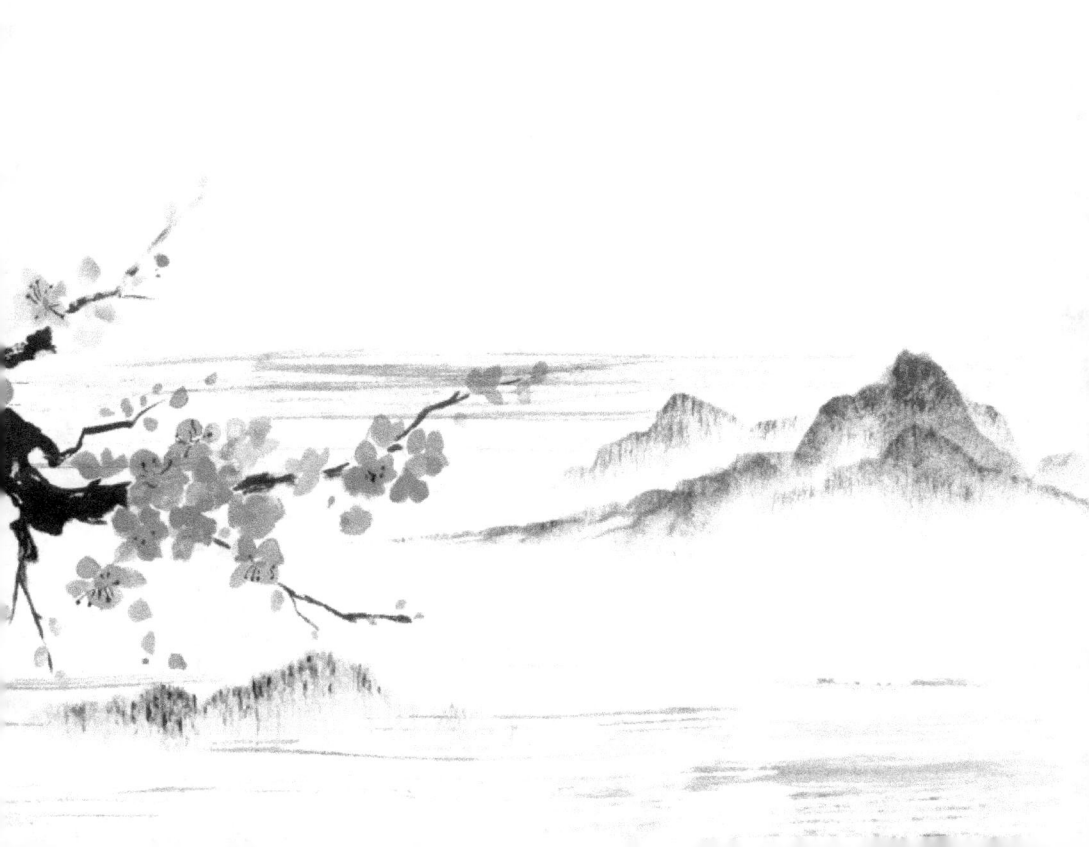

Mar de olivos,
Andalucía se viste,
verde en sus brazos.

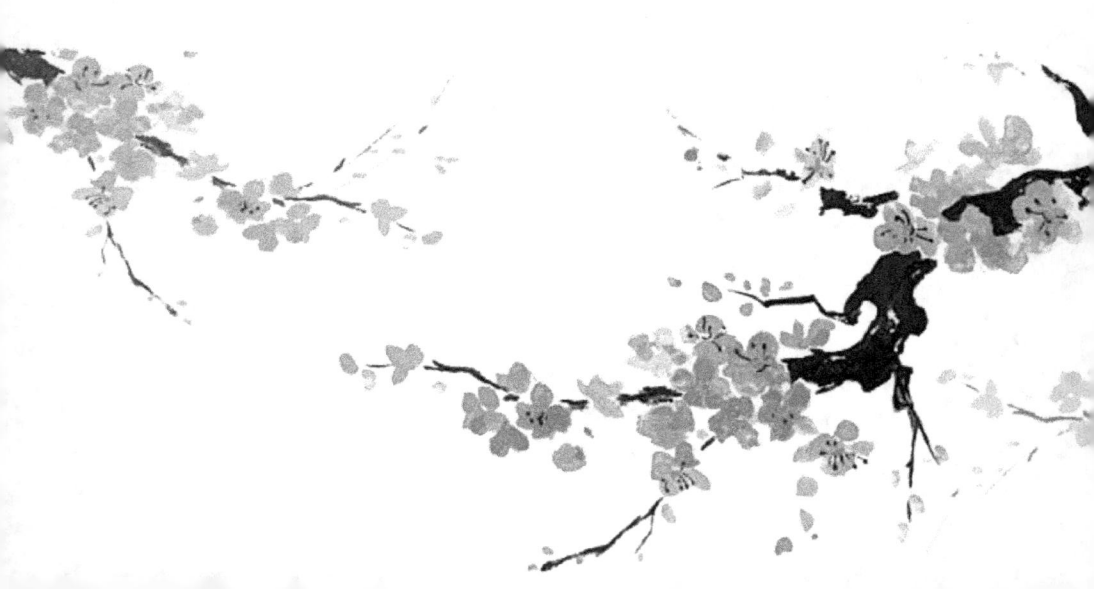

Madrid despierta,
el ritmo de sus calles,
siesta de colores.

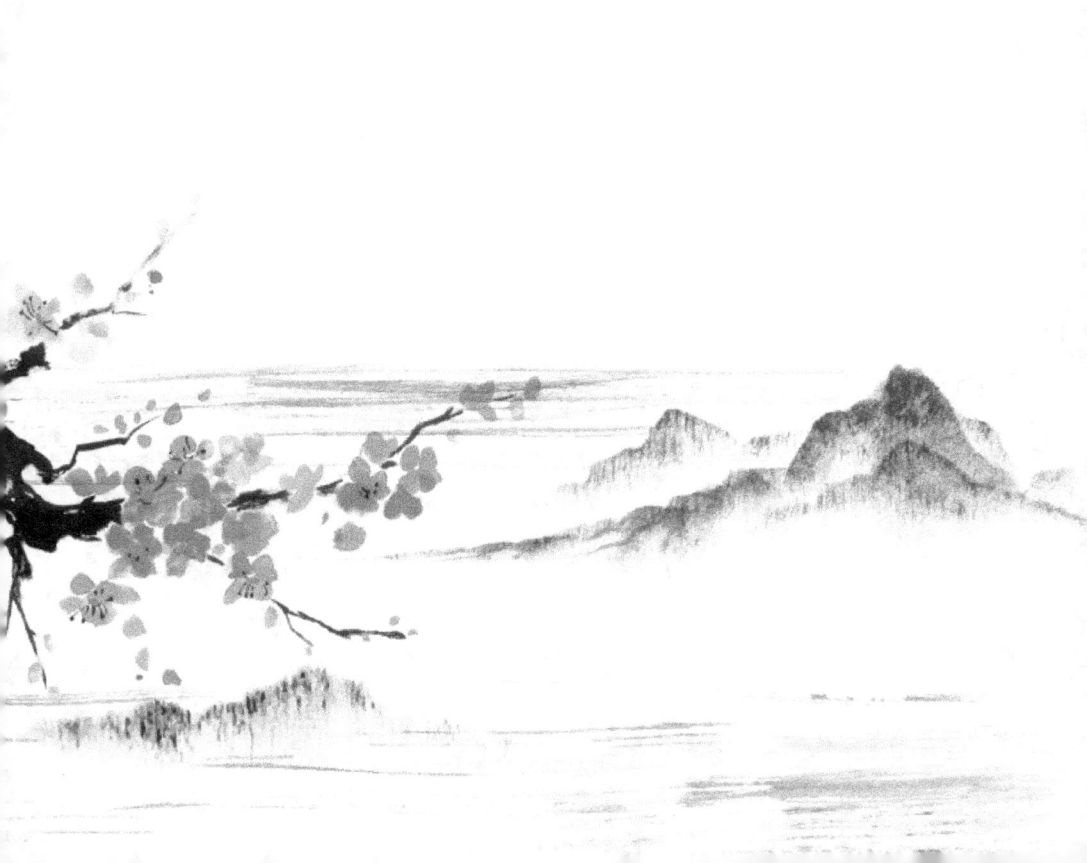

Pirineos altos,

cumbres tocan el cielo,

susurro de nieve.

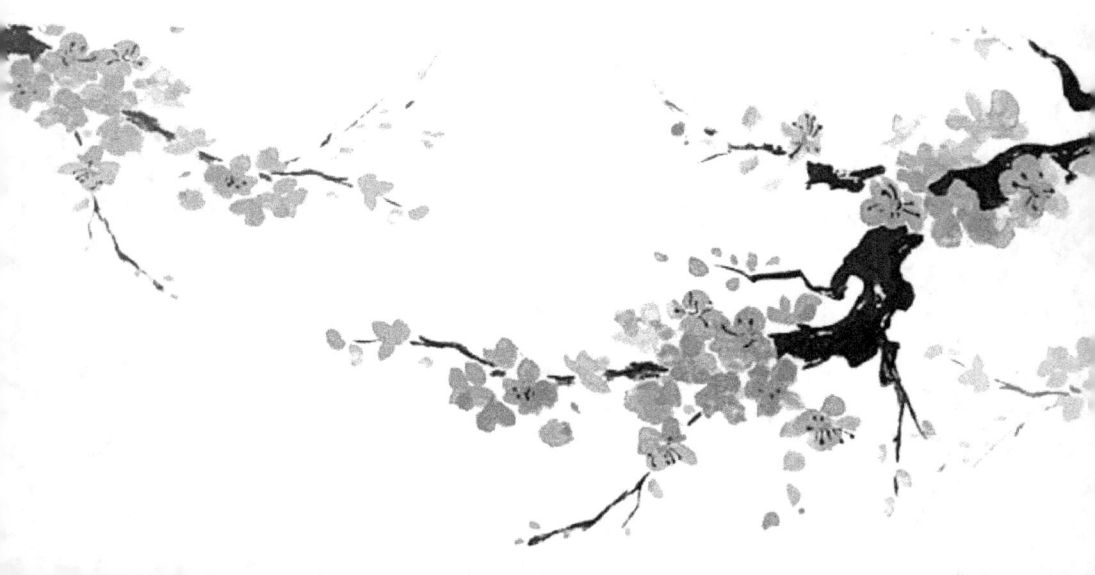

Alhambra de oro,
suspiros de mil leyendas,
Granada canta.

Flor de Andalucía,
sevillanas en la brisa,
feria de pasión.

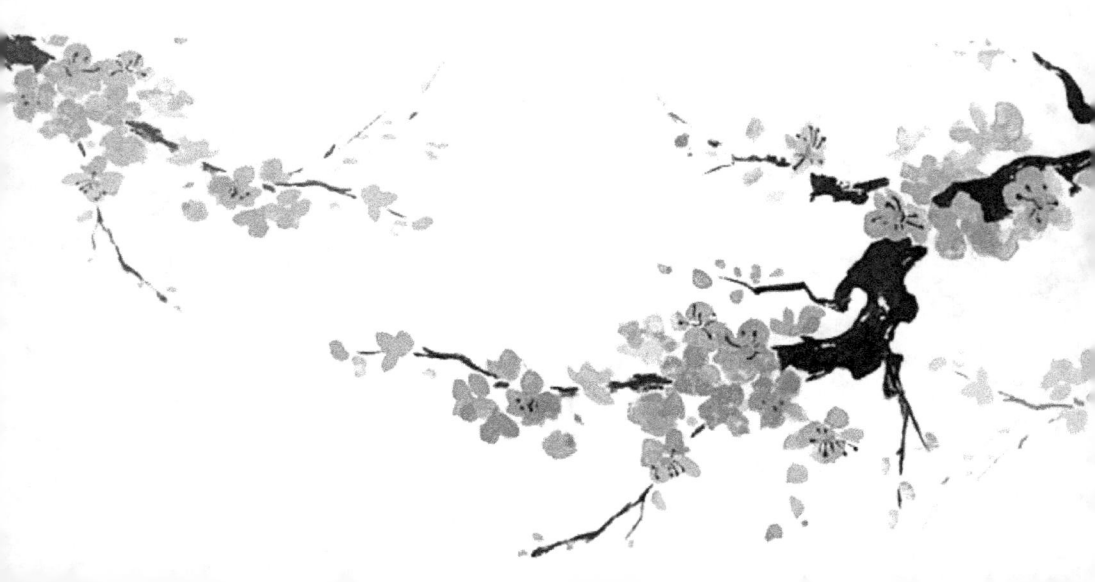

En el ocaso,
se entrelazan los destinos,
amor sin final.

Paella al fuego,
aroma de campos dorados,
Valencia ríe.

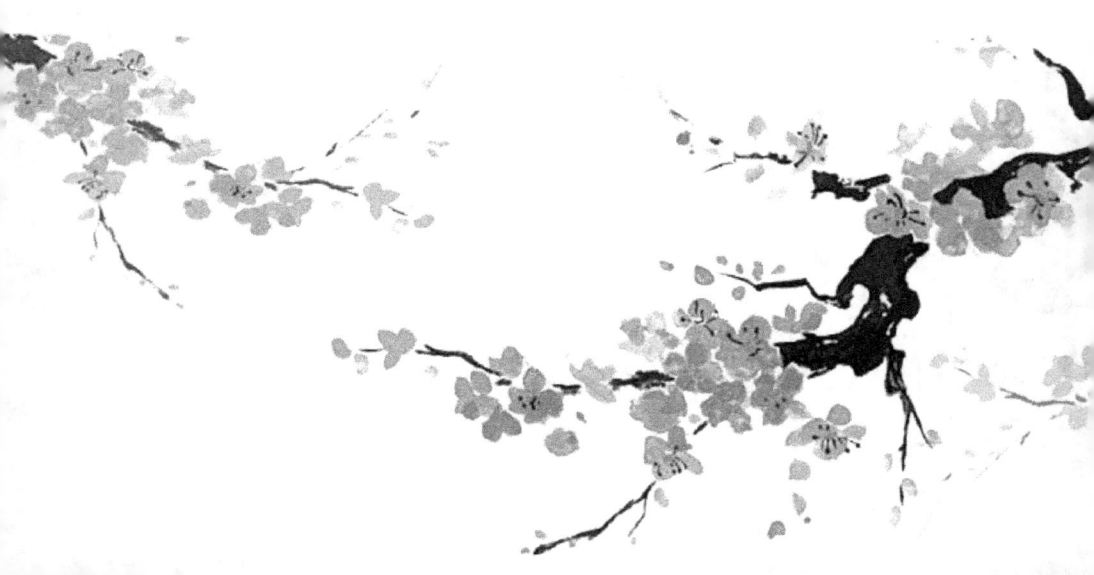

Amanece amor,
como el sol que ilumina,
eterna pasión.

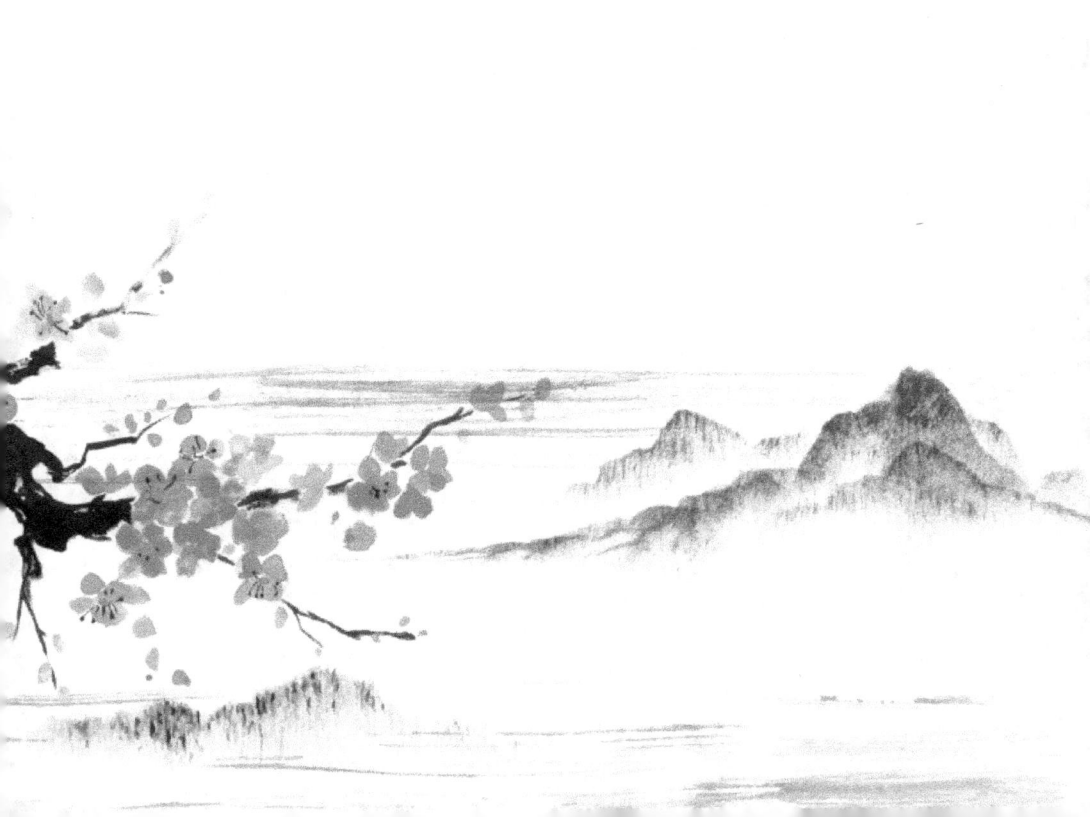

Sol sobre Sevilla,

danza de sombras y luz,

flamenco en la piel.

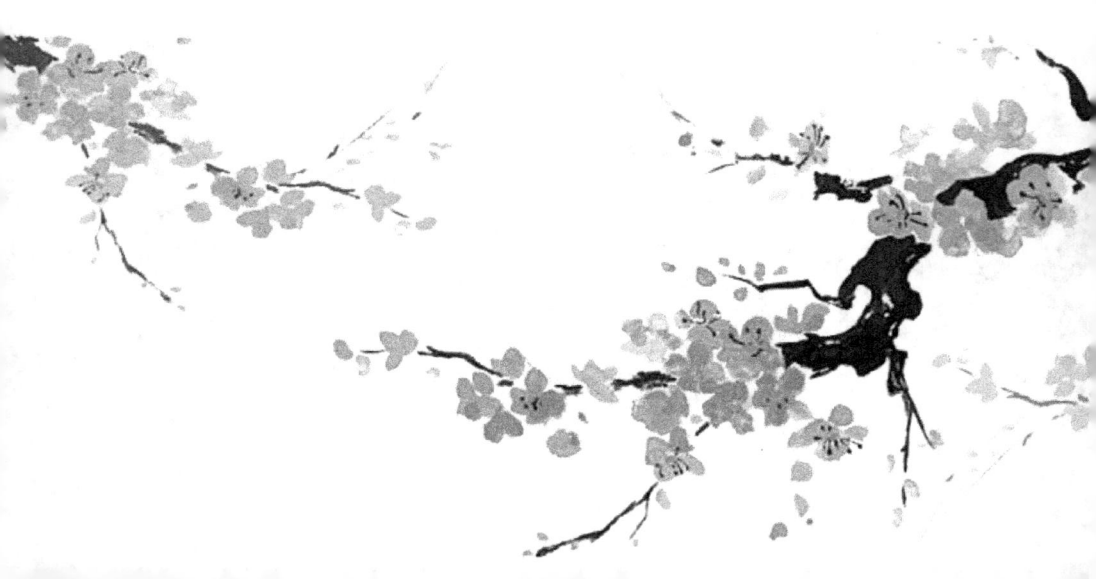

Gigantes de piedra,

Cataluña abraza el arte,

Gaudí, sueños altos.

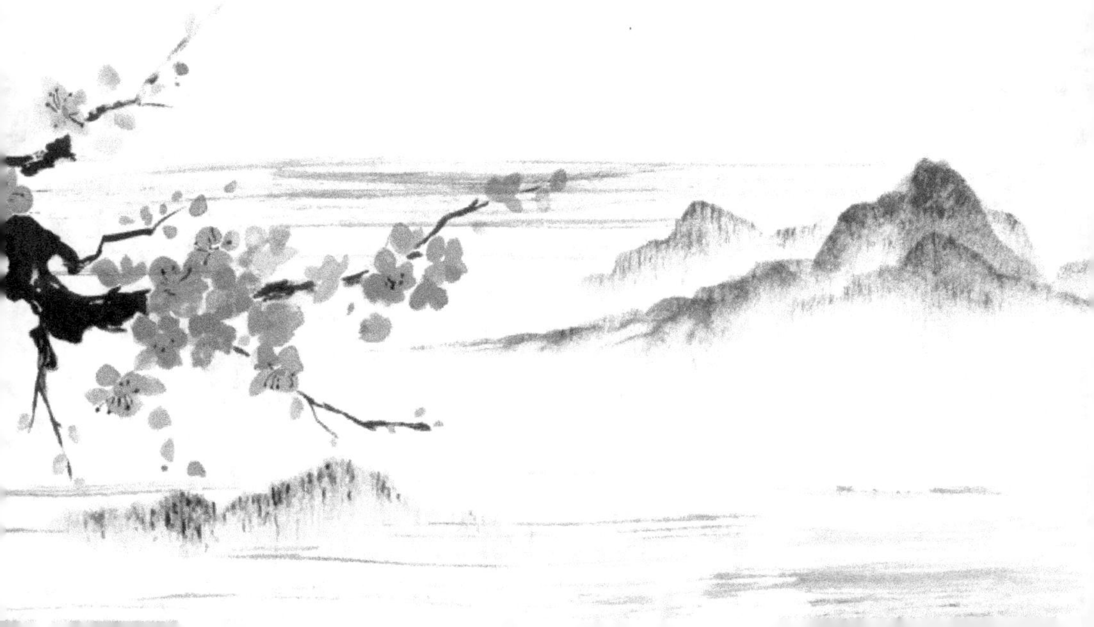

Dos almas danzan,
bajo la luna cómplice,
unión etérea.

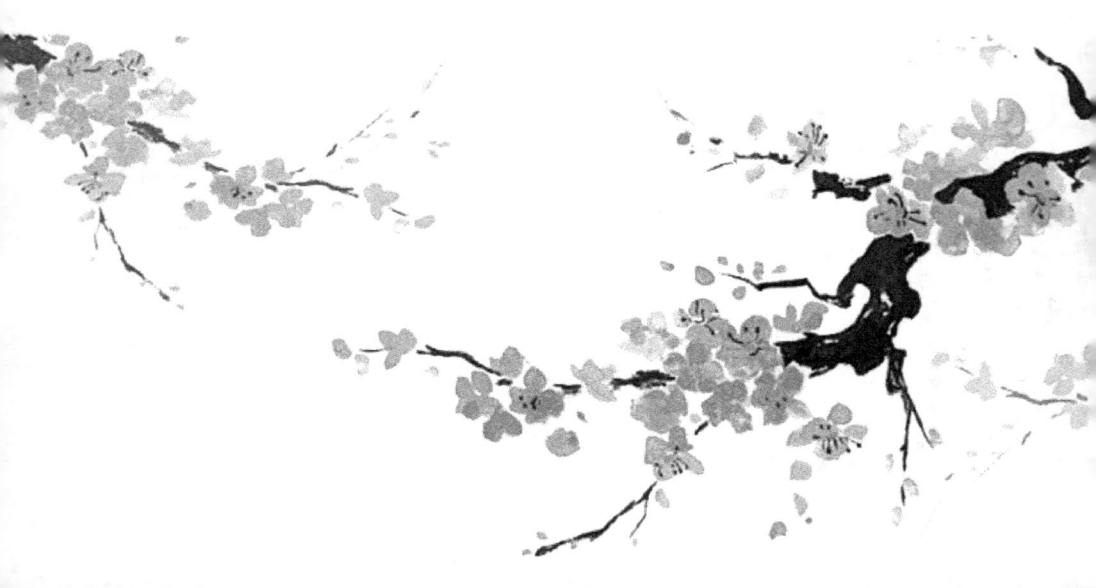

Espejo del ser,
alma danza en la penumbra,
luces del interior.

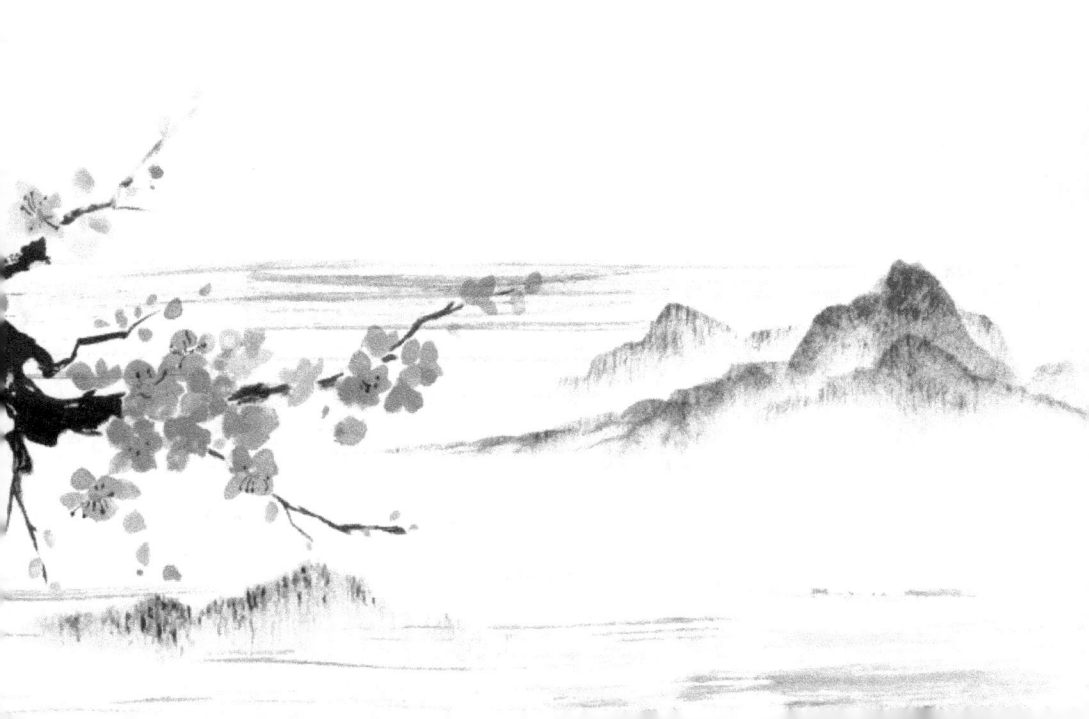

Castillos en aire,

vuelo de gaviotas blancas,

Costa del Sol sueña.

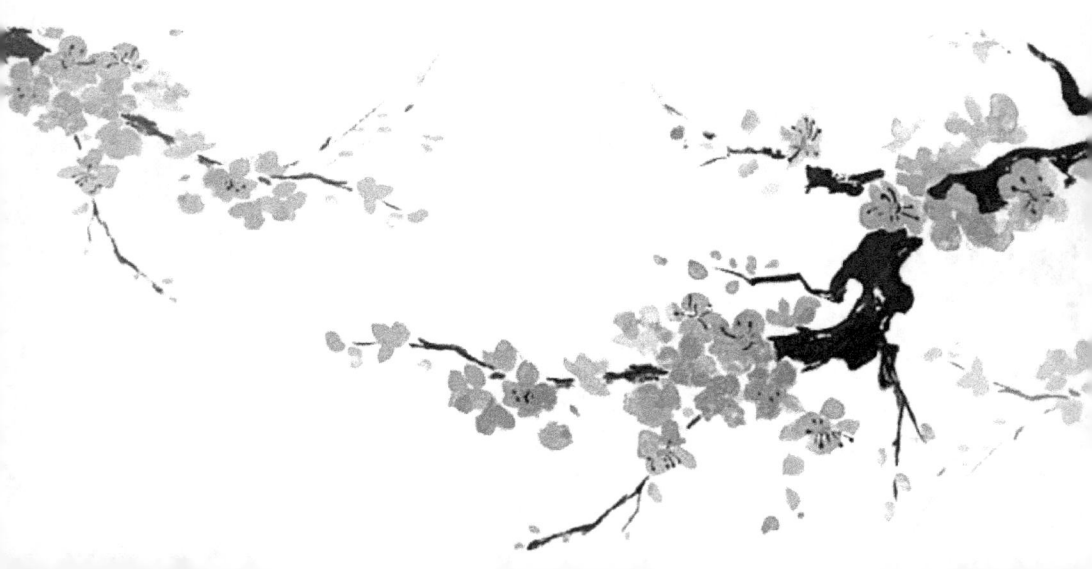

Alma en silencio,
susurros del universo,
eco en la eternidad.

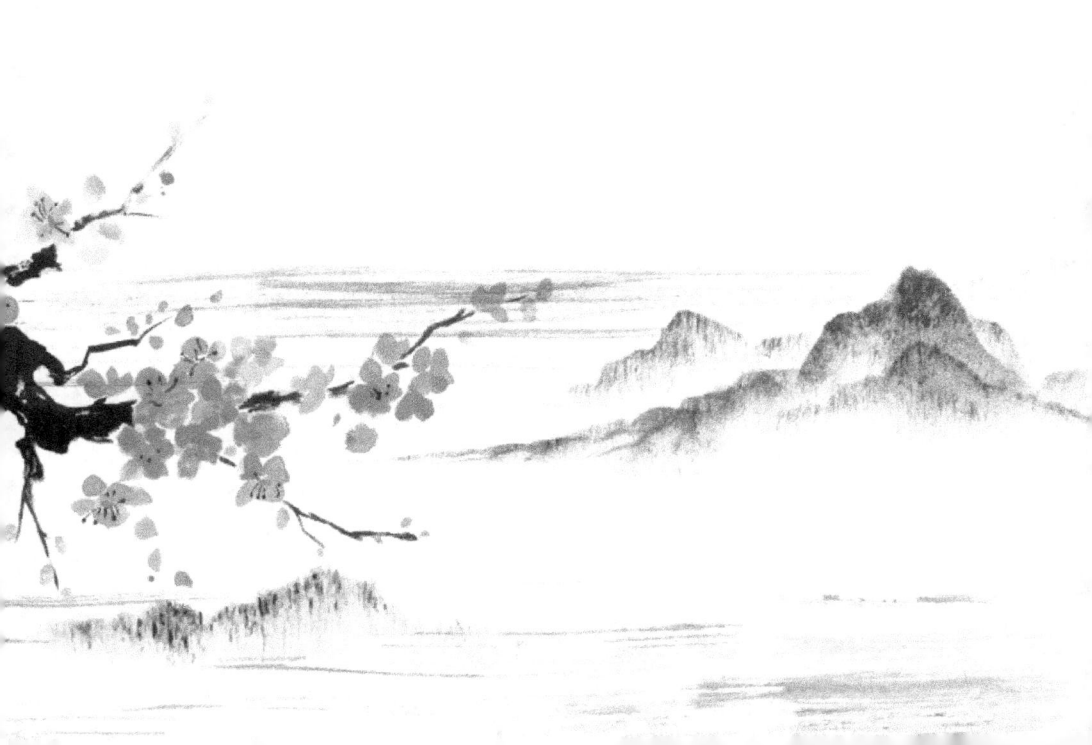

Ríos de caricias,

flores en la piel despiertan,

amor que florece.

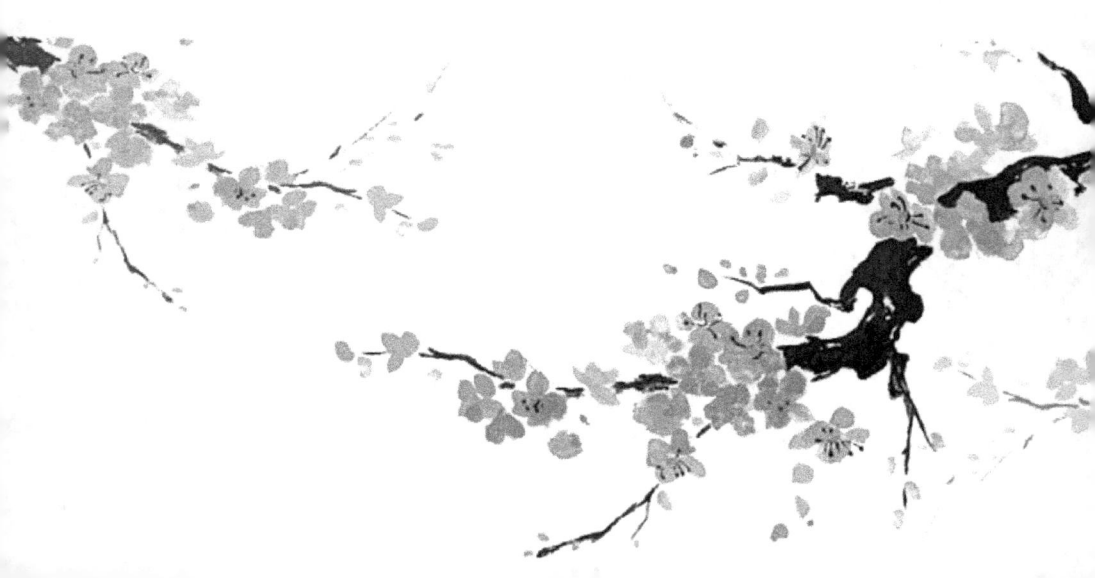

Caminos de duelo,
pasos pesados resuenan,
eco en la ausencia.

Vuelo sin confines,
alma libre como el viento,
cielo en cada paso.

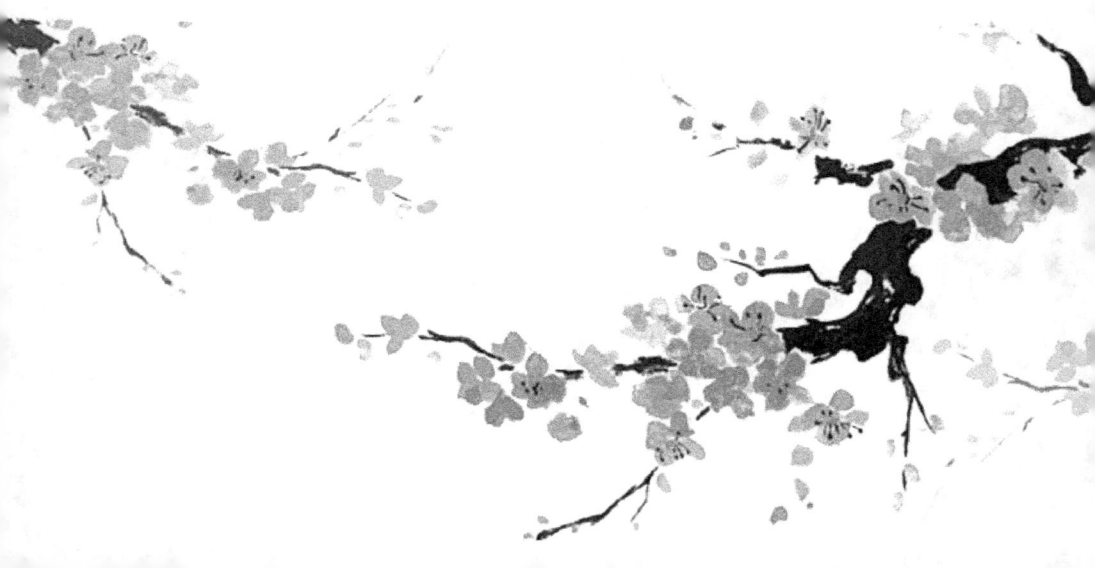

Labios que susurran,
amor en cada palabra,
versos de ternura.

Amanece gris,
duelo en el horizonte,
luto en el corazón.

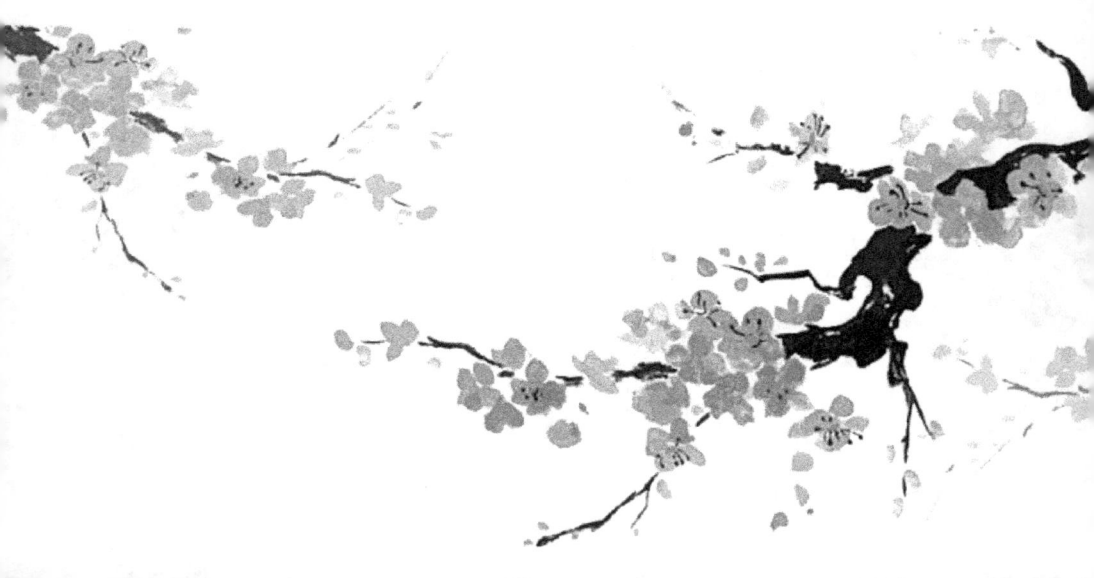

Noche serena,
alma en paz, estrellas cantan,
canción del espíritu.

Noche de consuelo,
madre vela en silencio,
estrellas en paz.

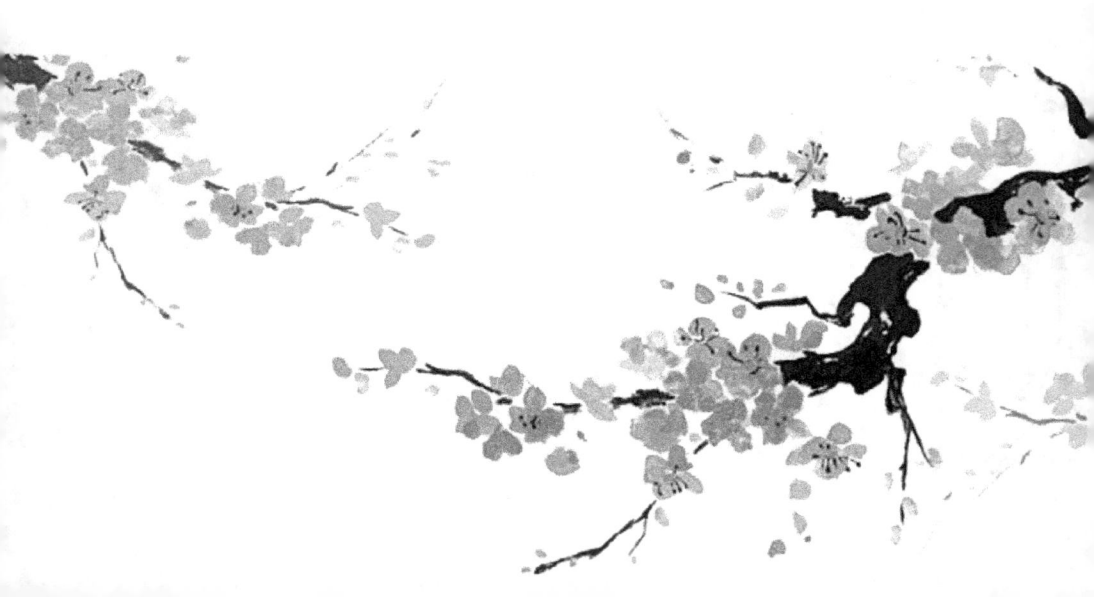

Viento tristeza,
hojas caen con pesar,
duelo en otoño.

Cielo nublado,
dolor en lágrimas grises,
duelo en el alma.

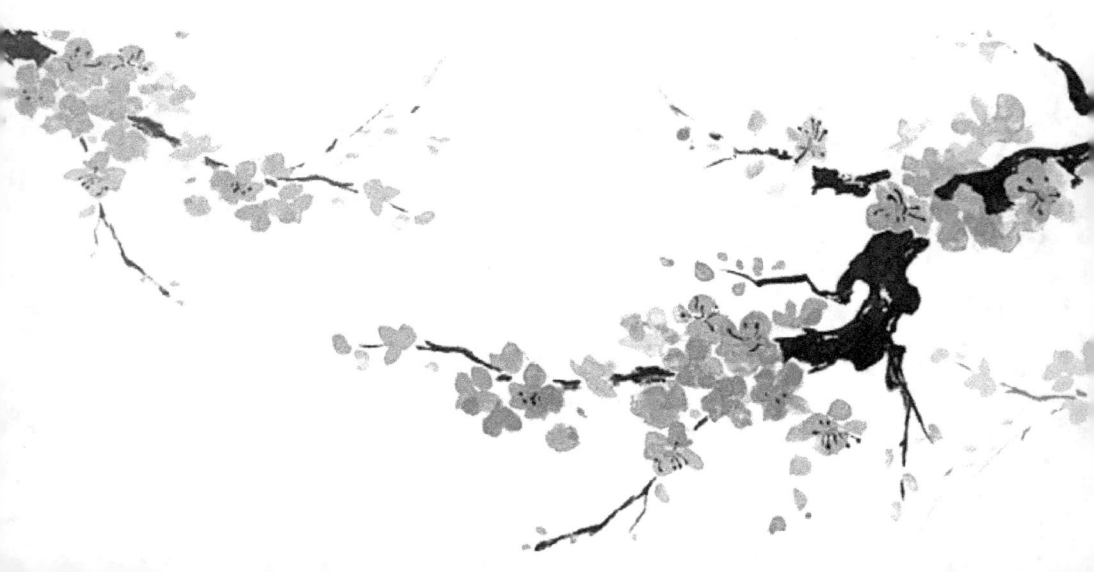

Entre sombras va,
el alma busca su luz,
destino radiante.

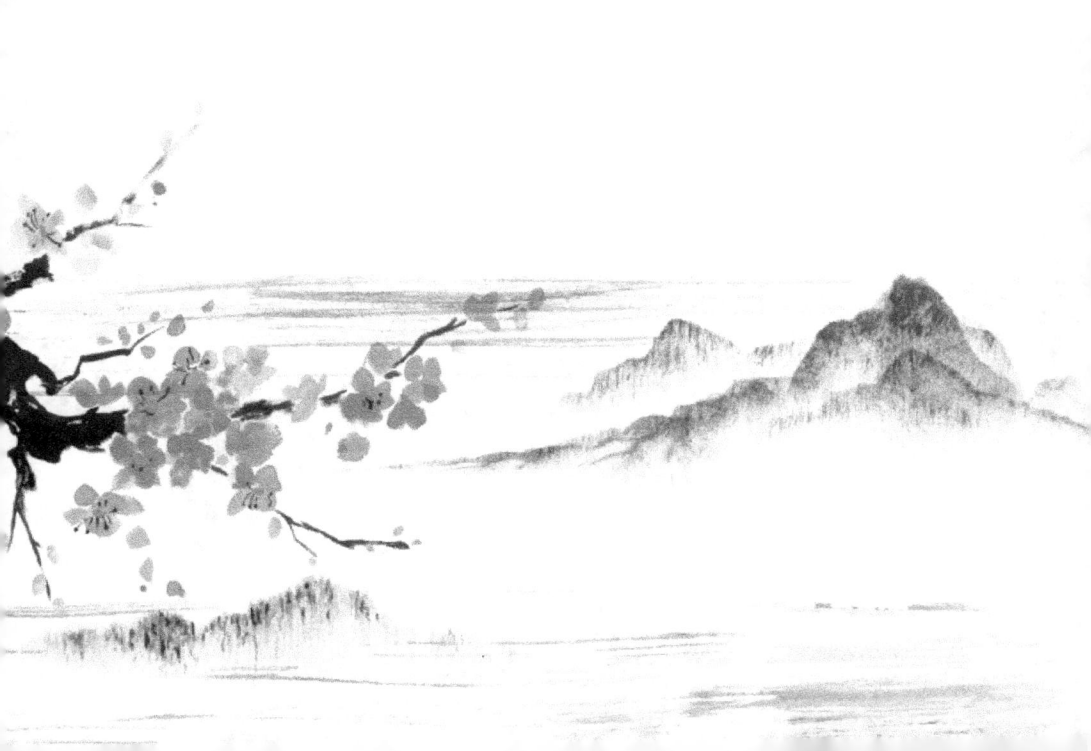

Flores en su risa,
jardín de amor eterno,
madre, primavera.

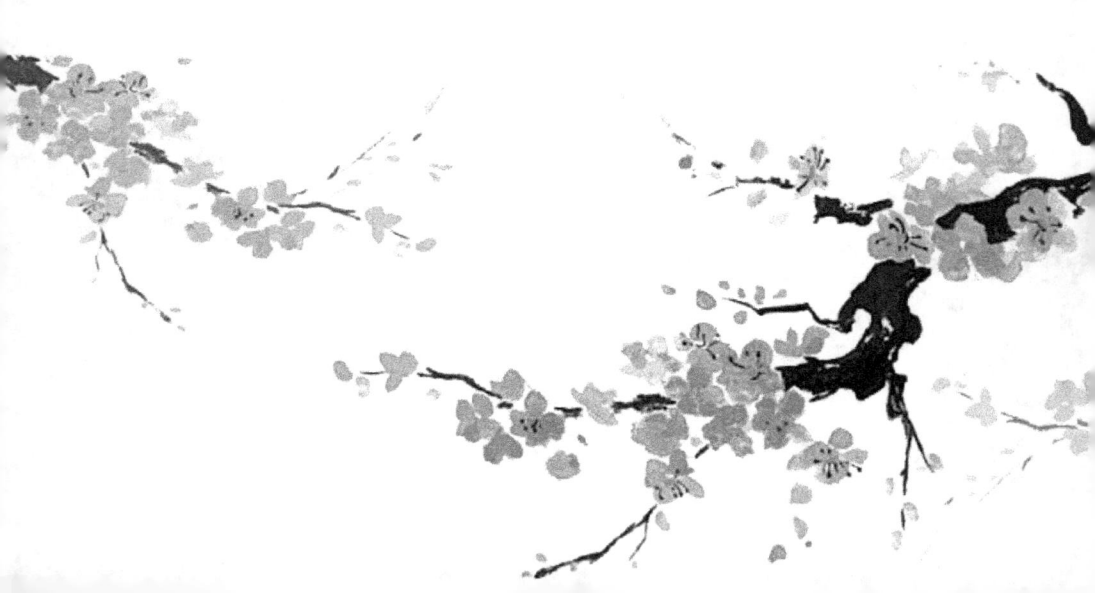

Montaña sagrada,
solitaria cumbre blanca,
Fuji, arte en nieve.

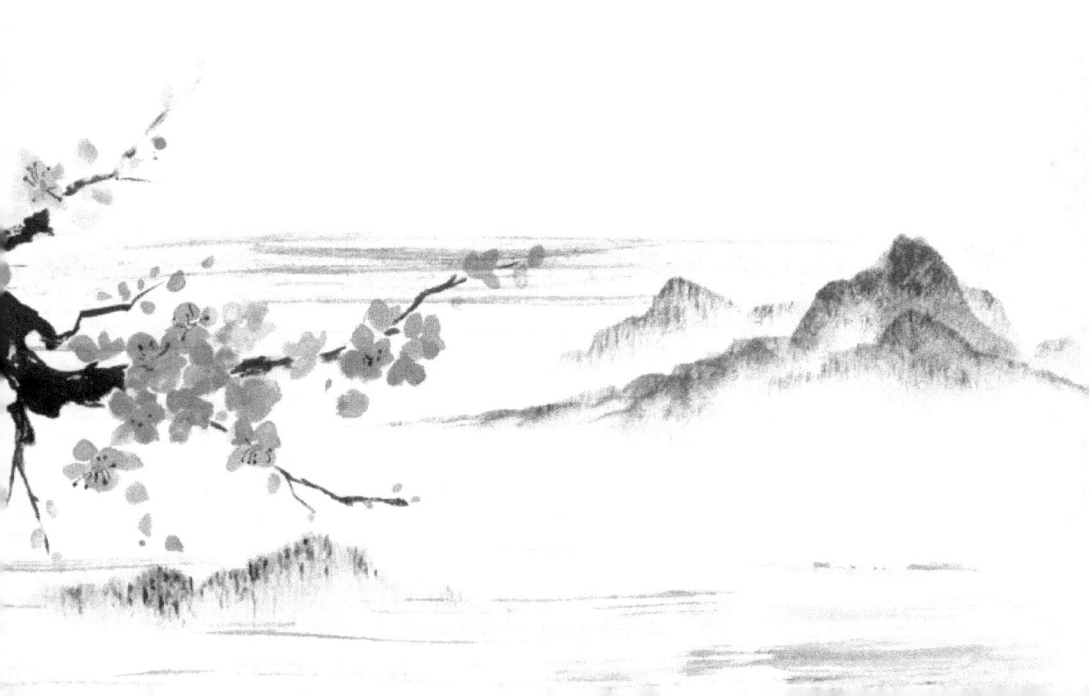

Bajo el cerezo,
sakura cae en danza,
primavera sueña

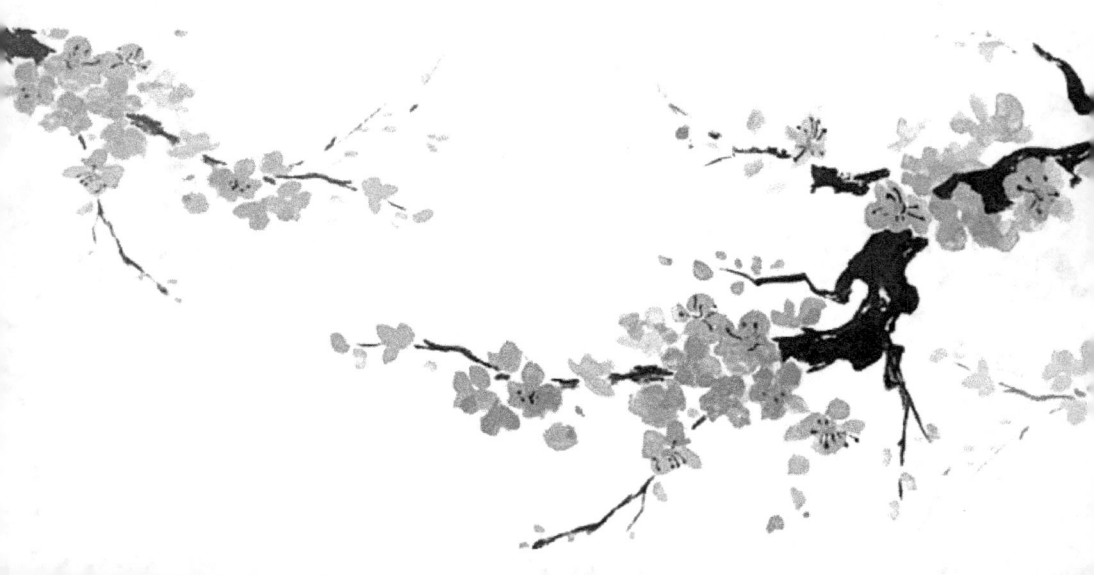

Llanto en silencio,

duelo en sombras y suspiros,

flores en la tumba.

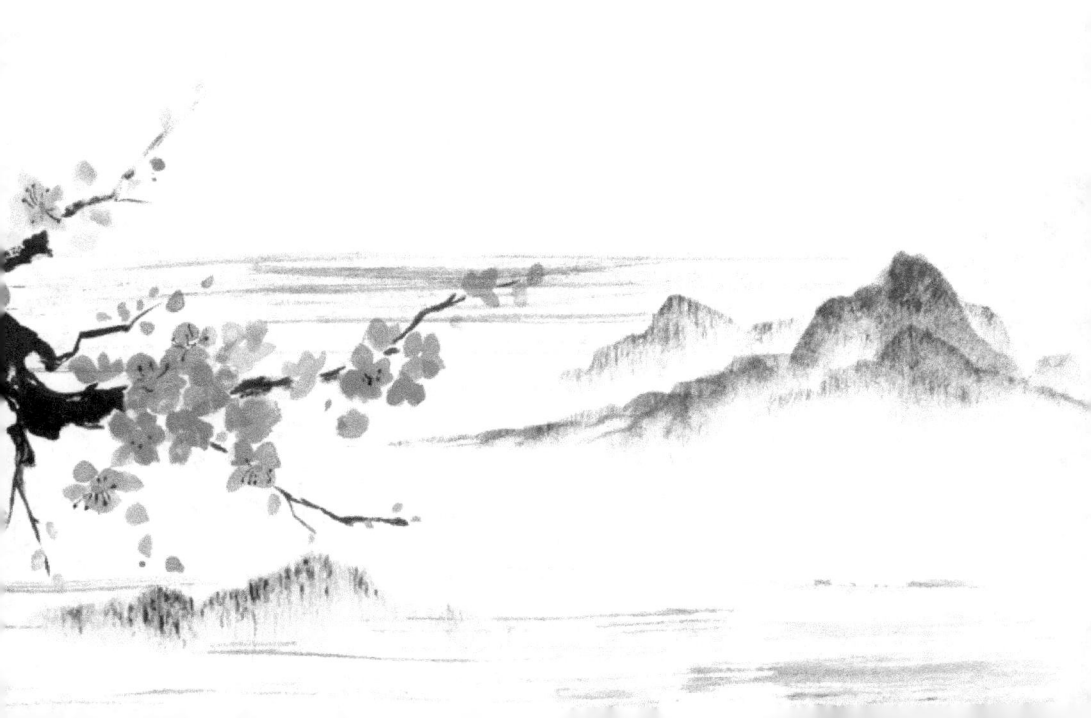

Luna en el estanque,
reflejo de serenidad,
haiku de la noche.

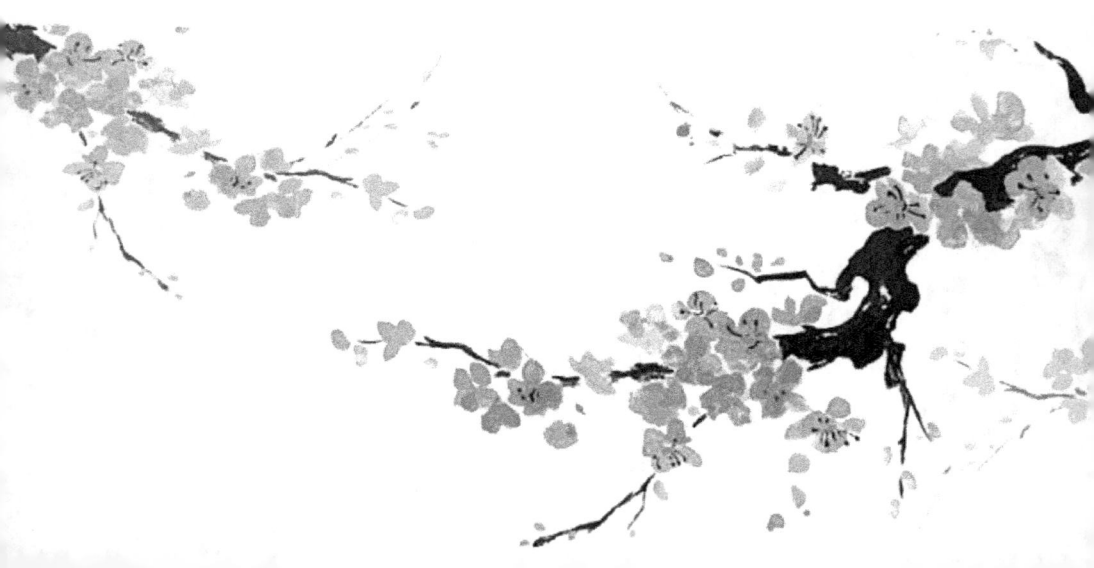

Susurra ternura,
besos que curan heridas,
madre, luz del alma.

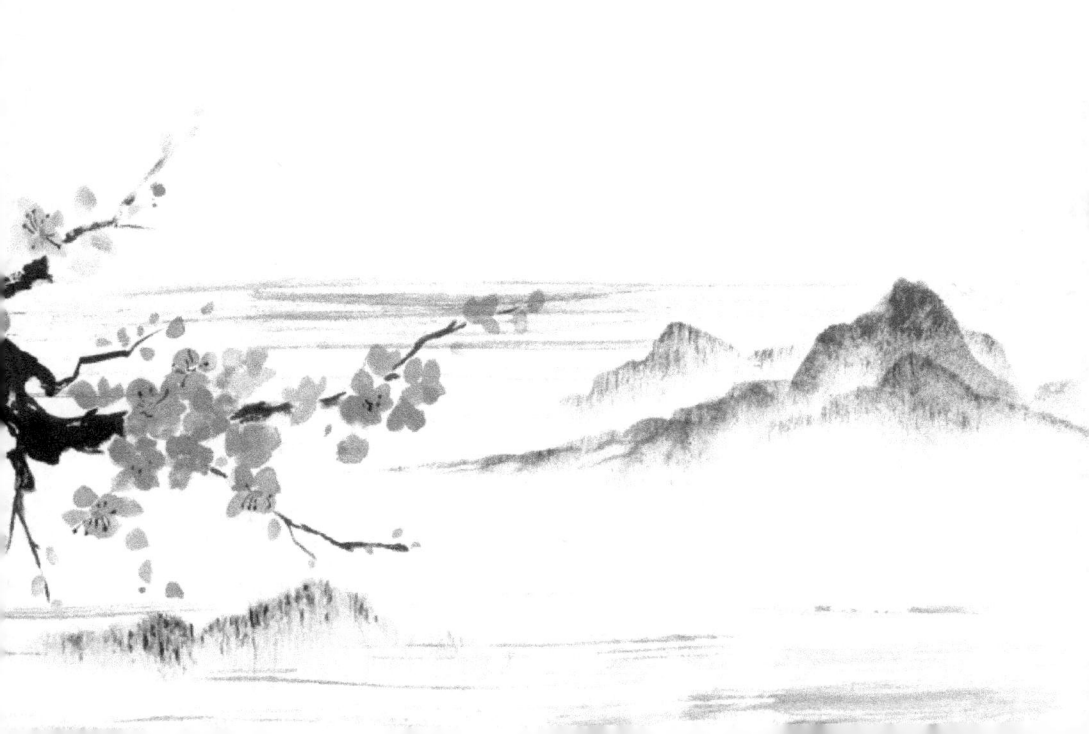

Mar de silencio,

olas susurran secretos,

poesía salada.

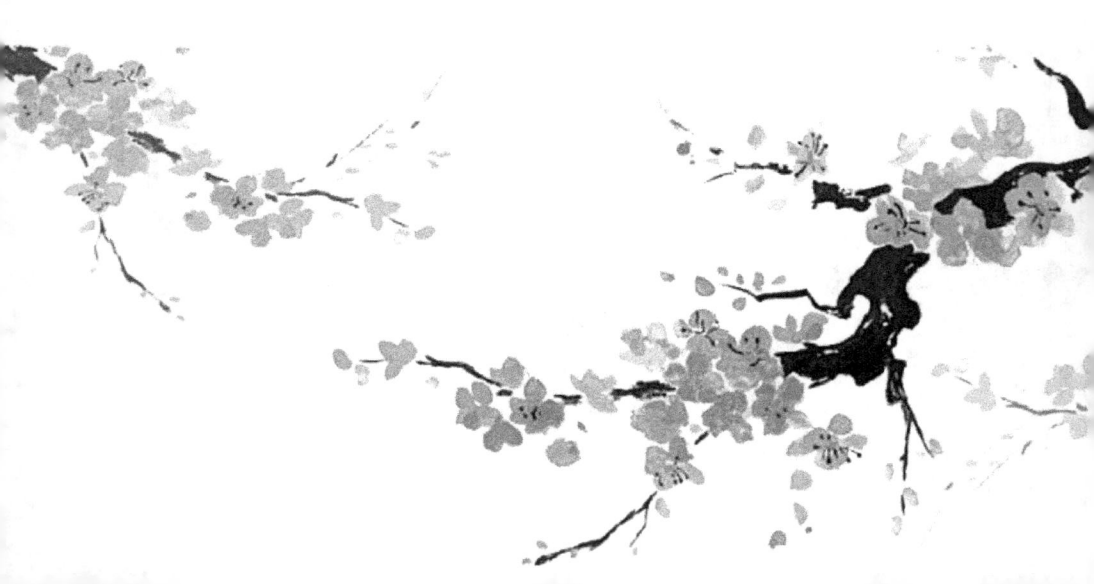

Ala de gaviota,
brisa acaricia la mar,
verso del viento.

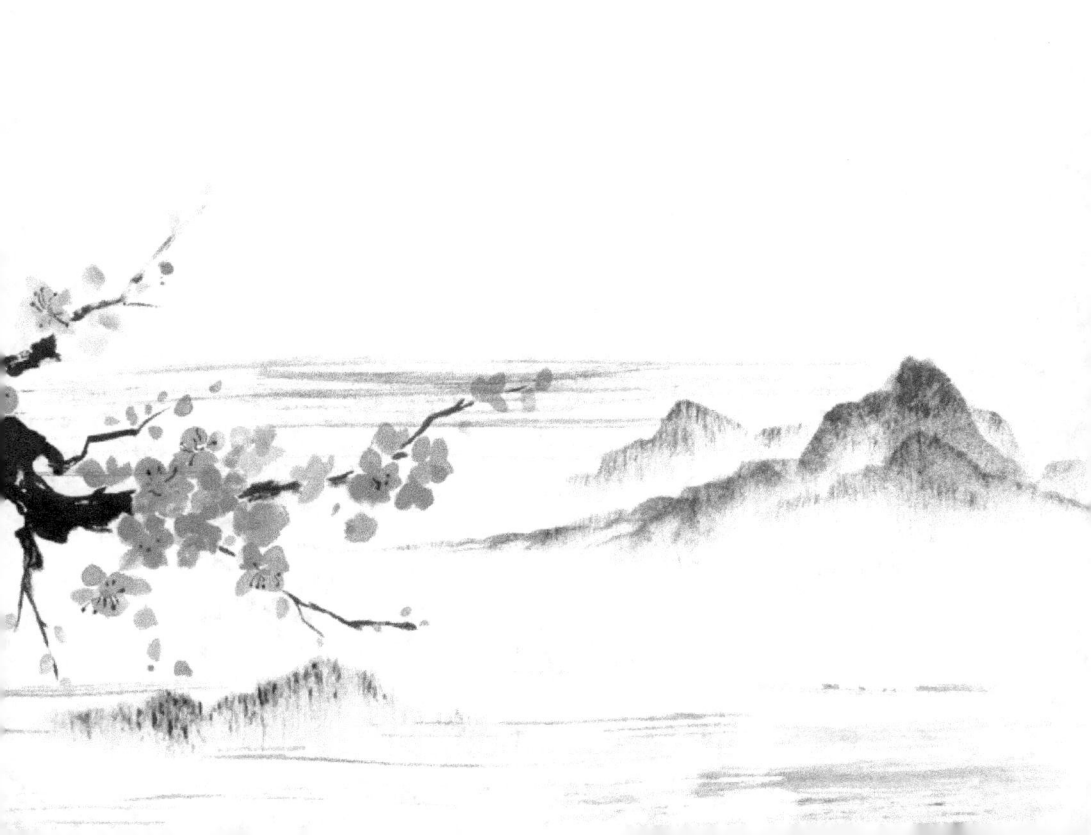

Manos que abrazaron,
historias en su mirar,
madre, eterno sol.

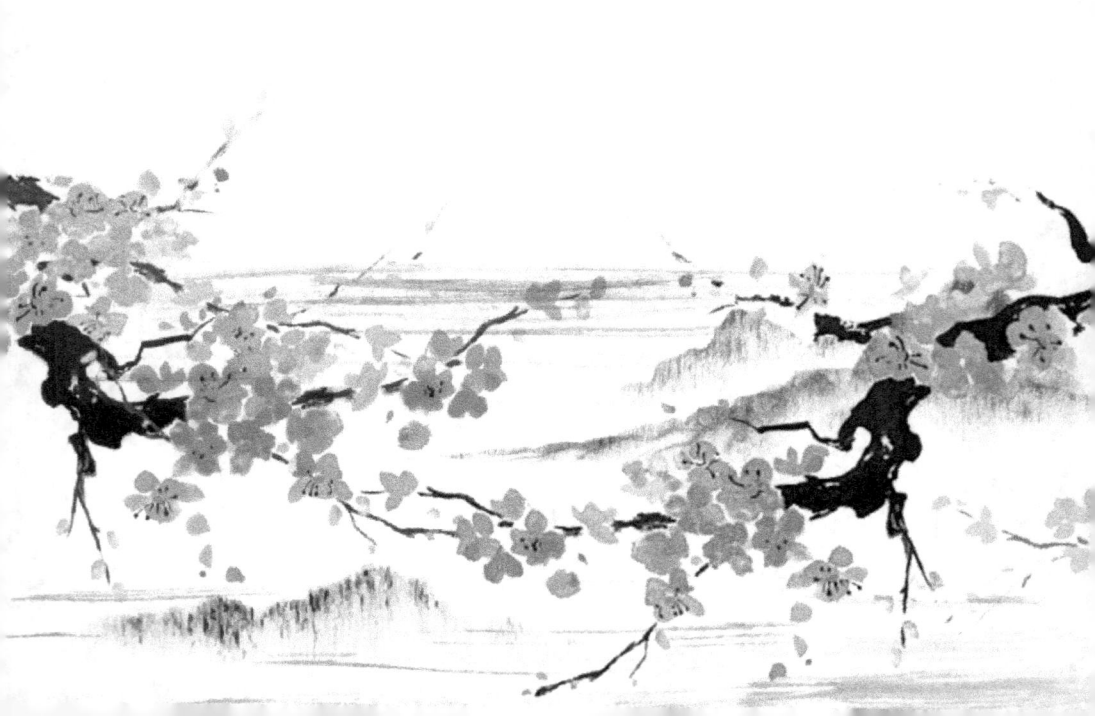

Bosque de bambú,
pasos en verde silencio,

haiku ancestral.

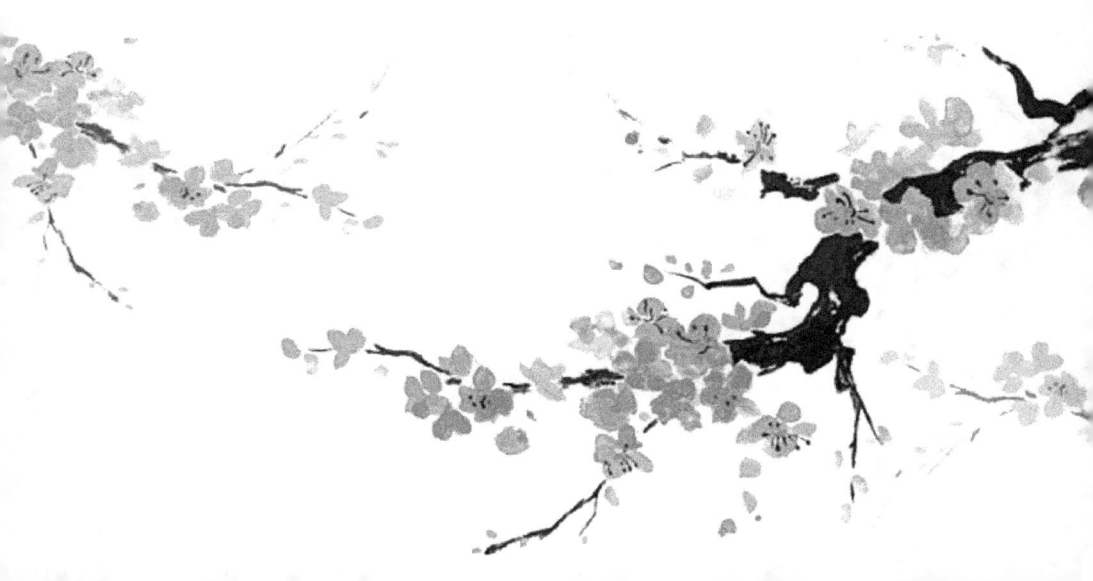

Amanecer dorado,
pájaros despiertan el día,
sol abraza el cielo

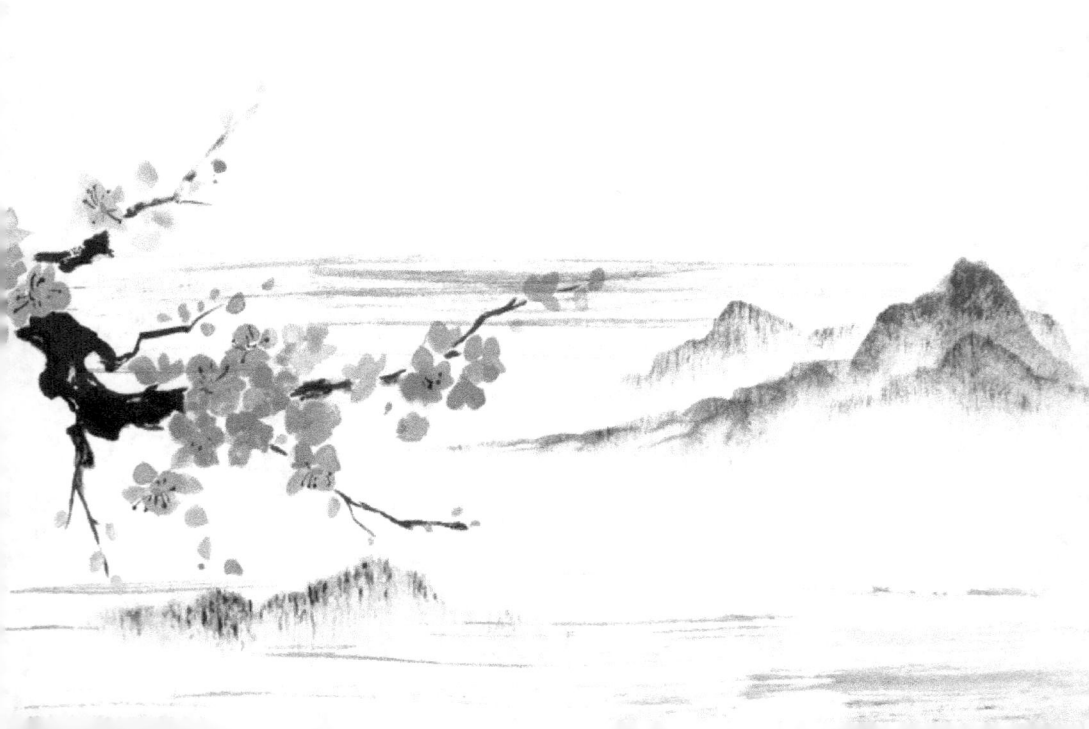

Tormenta de abril,
trueno canta en el cielo,
haiku de la lluvia.

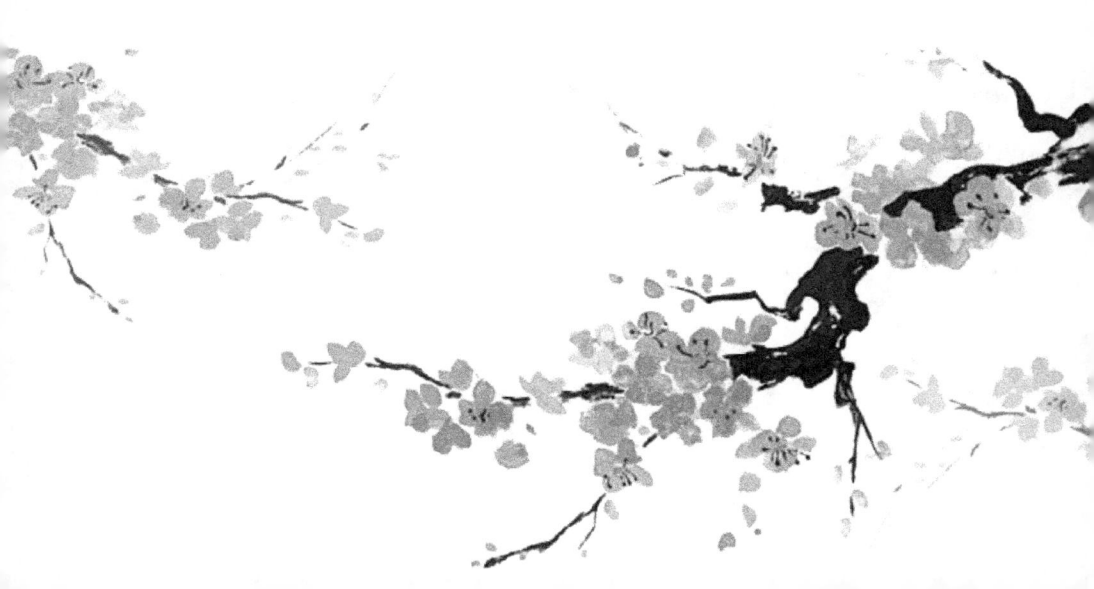

Luna en el río,
reflejo de sueños,
noche en calma.

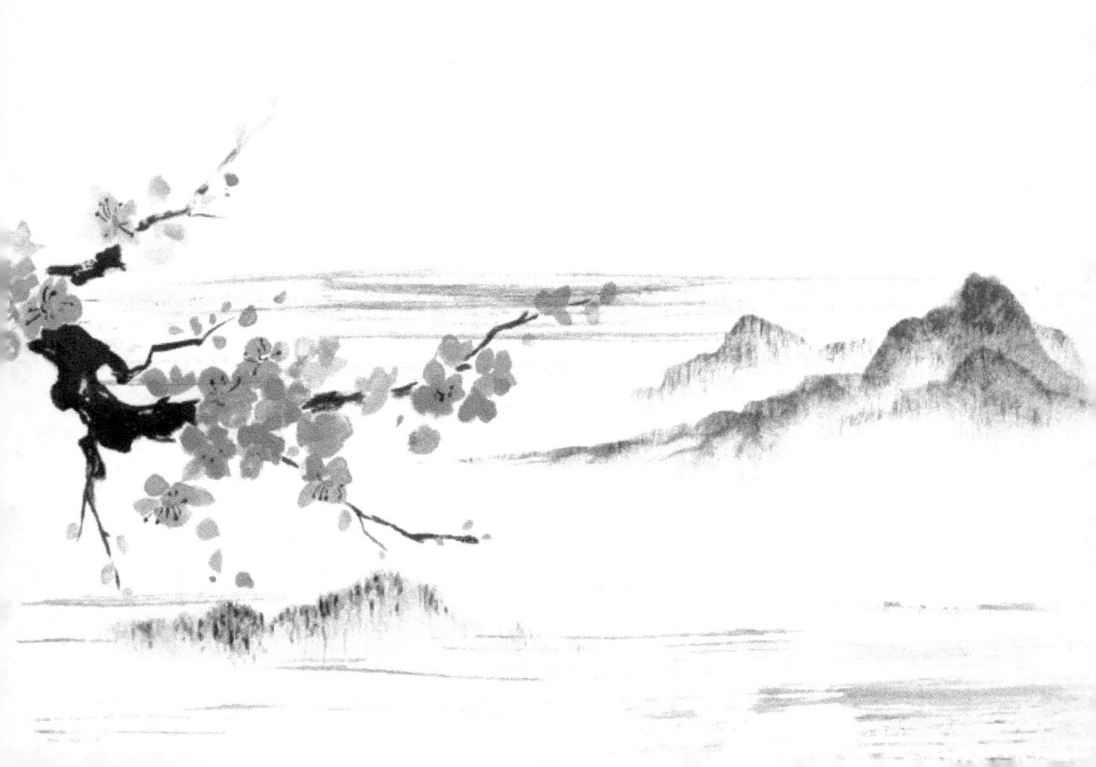

Cerezos florecen,
sakura en primavera,
rosa en el viento.

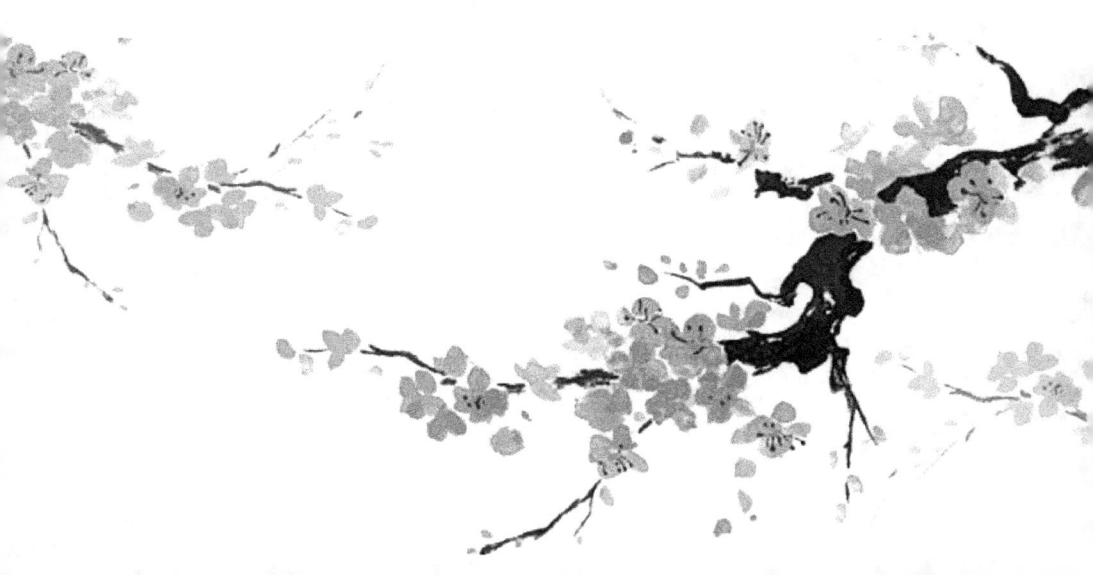

Vuelo de grullas,
cielo bordado en danza,
origami al sol.

Cuna de amor puro,
madre mece en su regazo,
dulce canción vida.

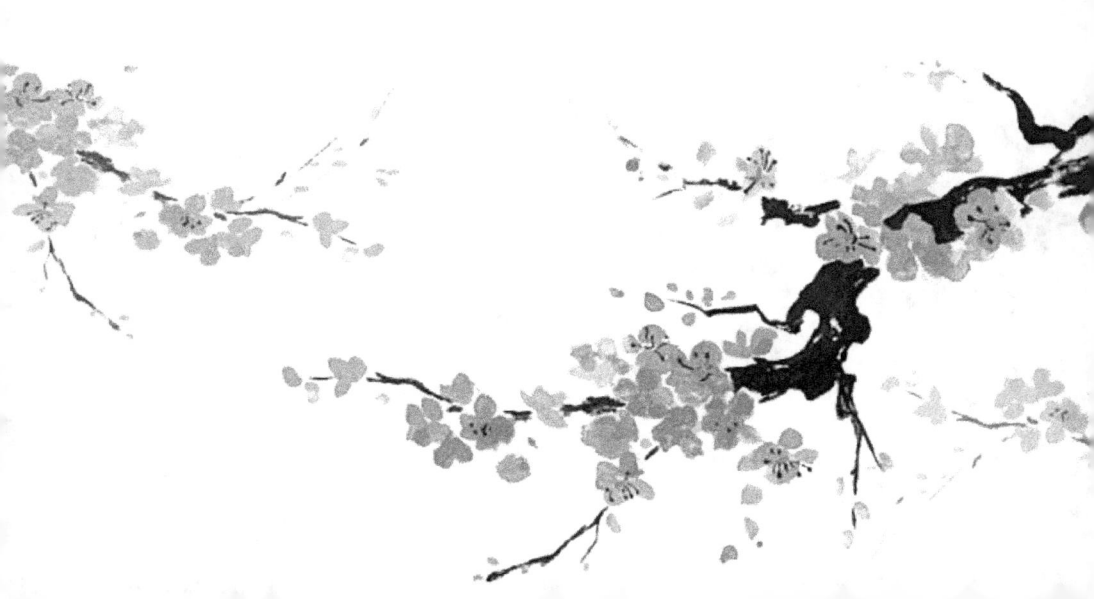

Montañas de fuego,
sol poniente acaricia,
poesía en lava.

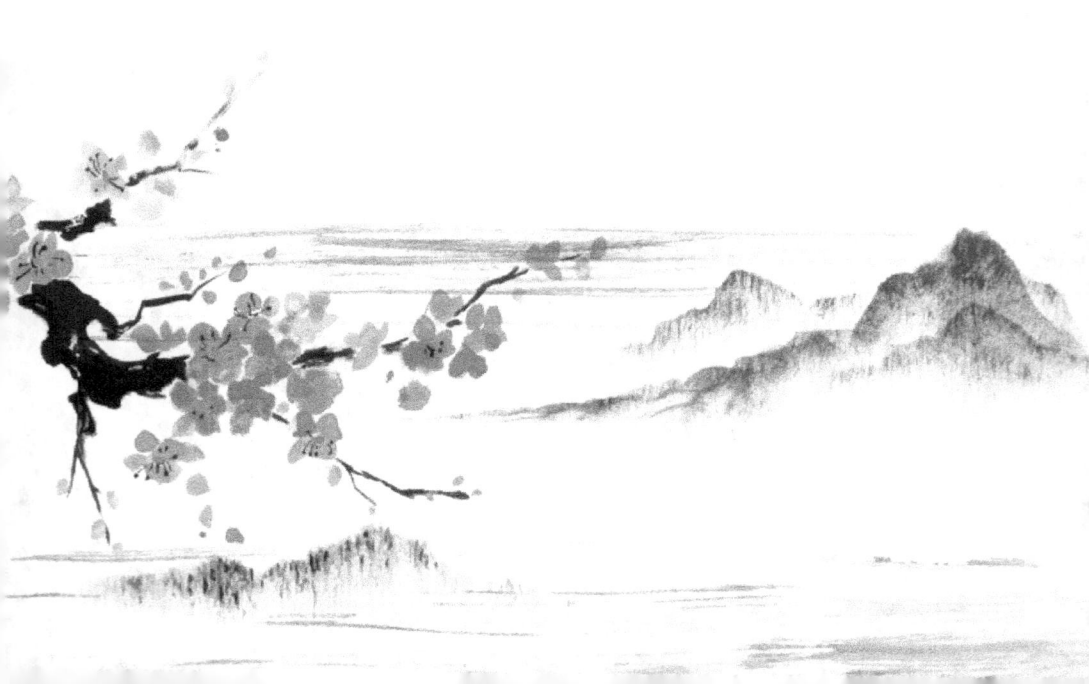

Café en la mañana,
aroma abraza el alma,
haiku de vigilia.

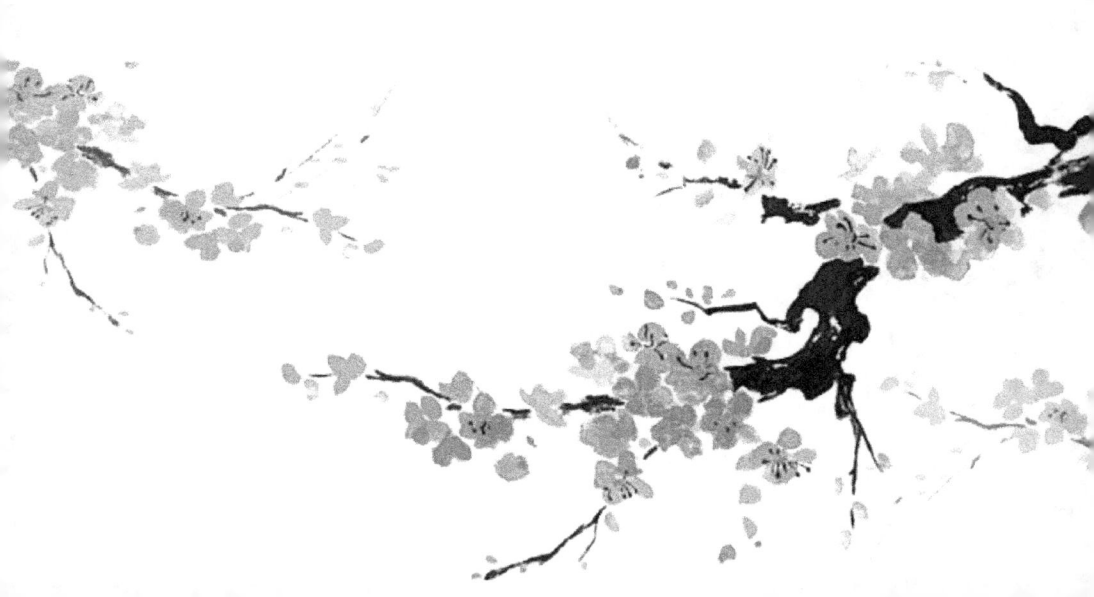

Viento en la cima,
cumbre acaricia nubes,
susurros de paz.

Río que murmura,
camino de hojas secas,
otoño llora.

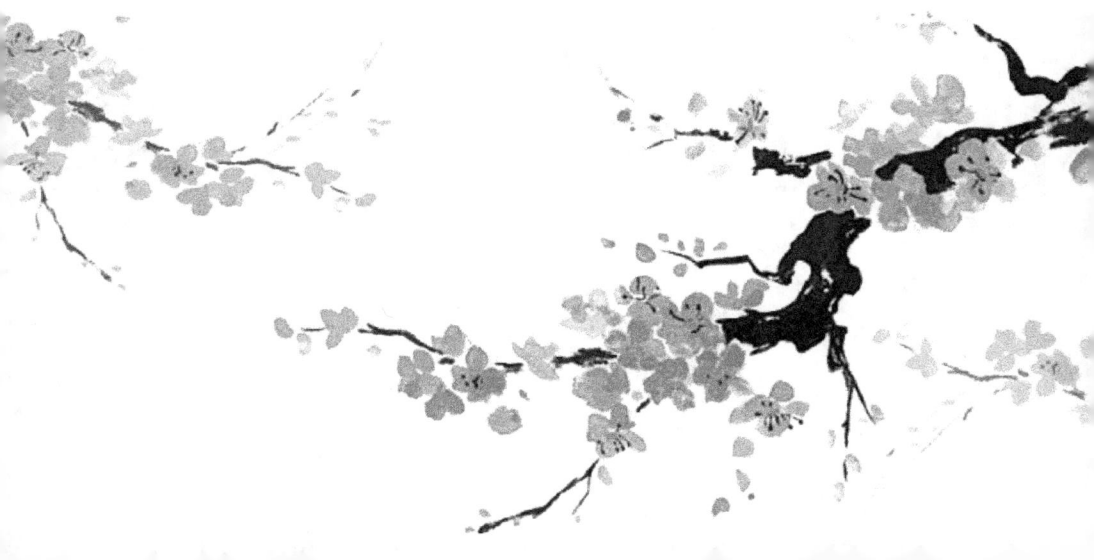

Brisa en la mañana,
pétalos danzan en río,
sol abraza cielo.

Bambú en silencio,
verde susurra historias,
bosque en misterio.

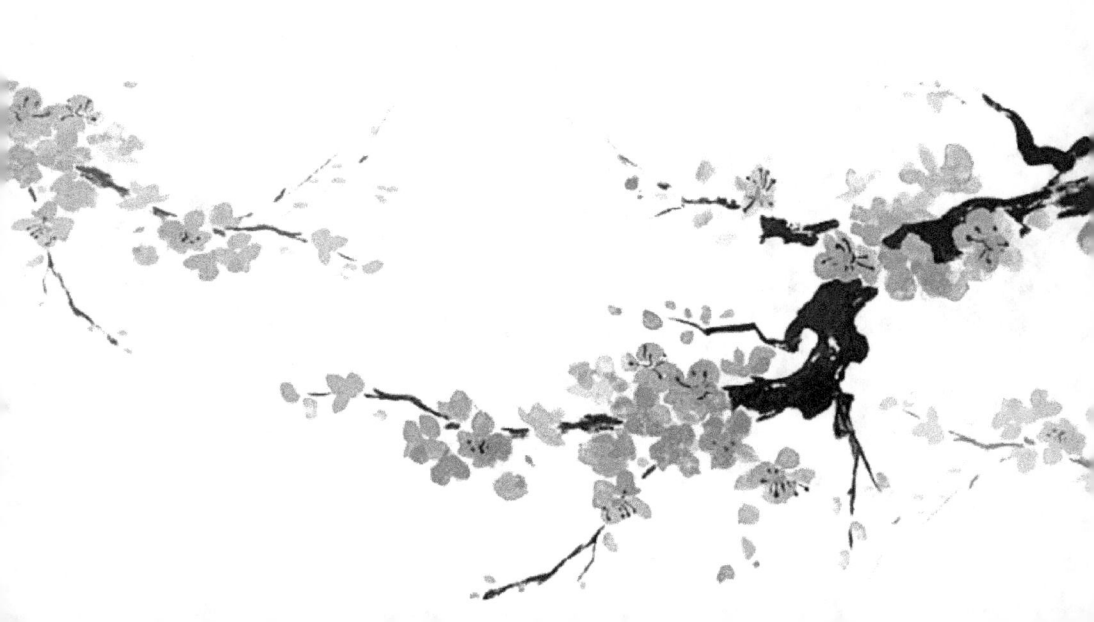

Montaña nevada,
silencio en cumbre serena,
eco del invierno.

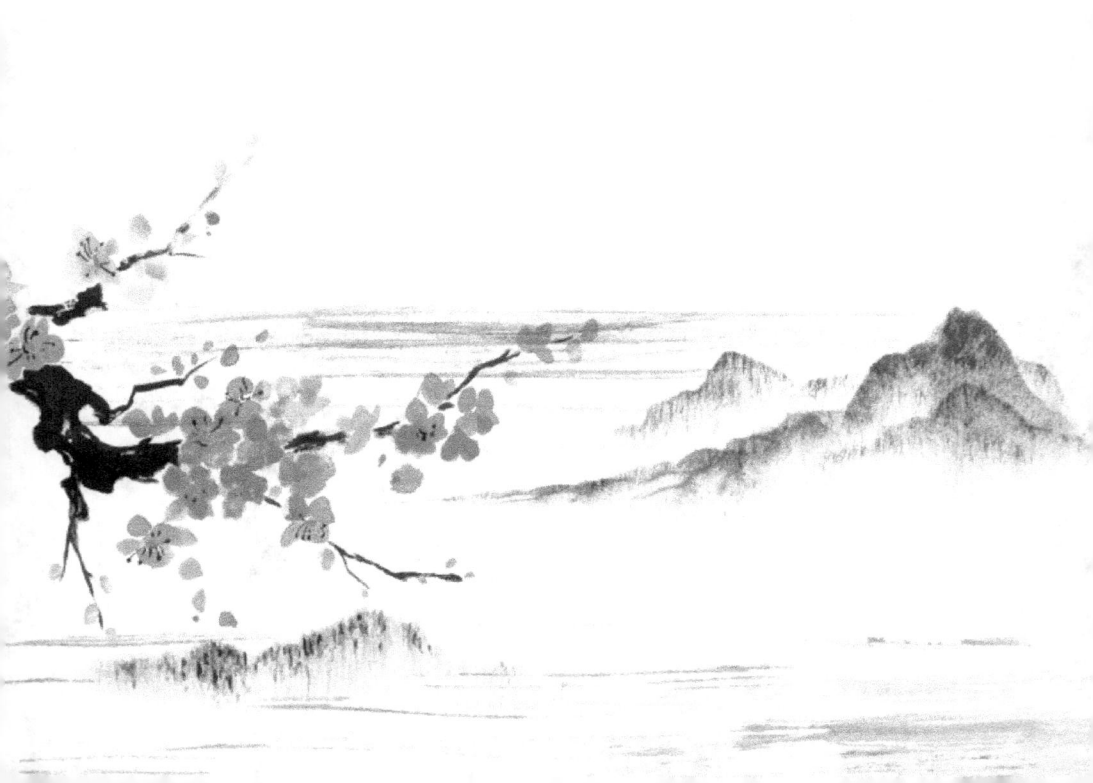

Huellas en la nieve,
historias de pasajeros,
invierno escribe.

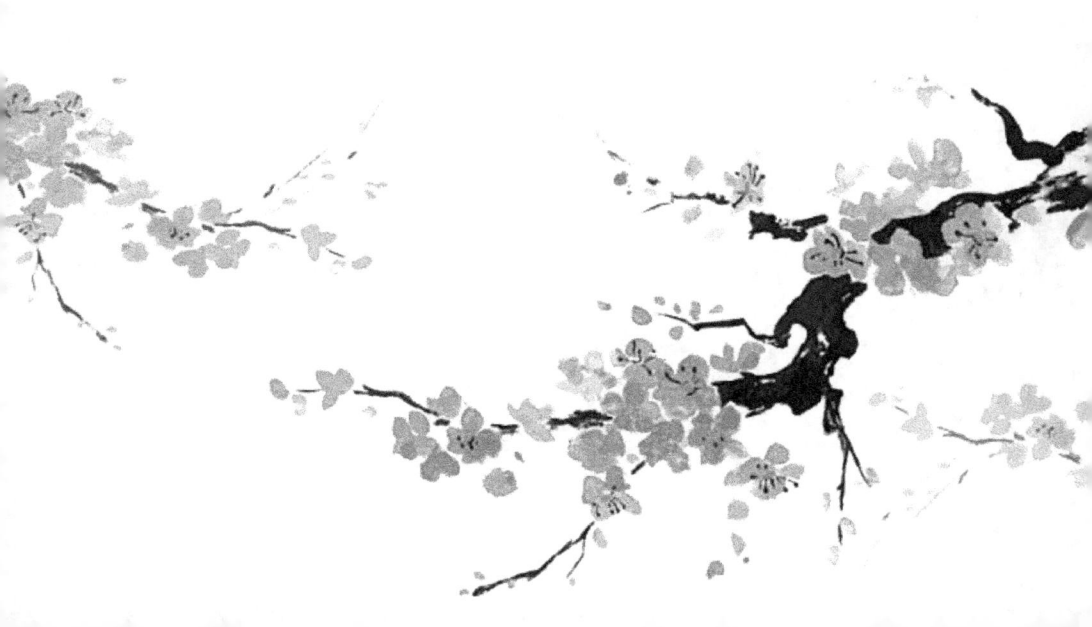

Llanto de luciérnagas,
noche bordada de estrellas,
el cielo suspira.

Amor en la brisa,
rosas rojas en el viento,
verso de pasión.

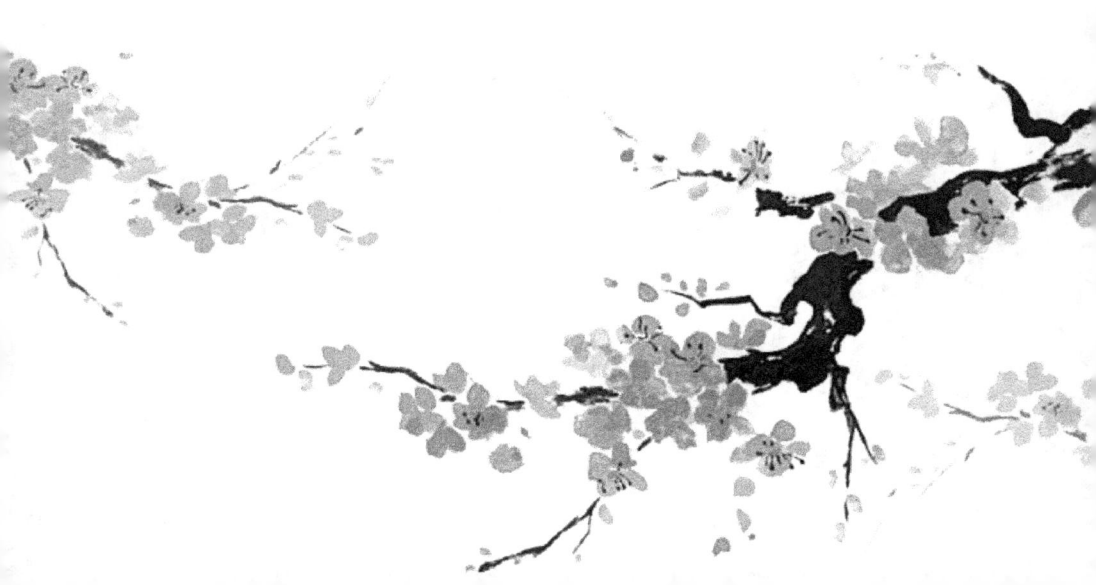

Estrellas de sal,
noche salpica destellos,
océano astral.

Laberinto verde,
hojas trazan caminos,
bosque de secretos.

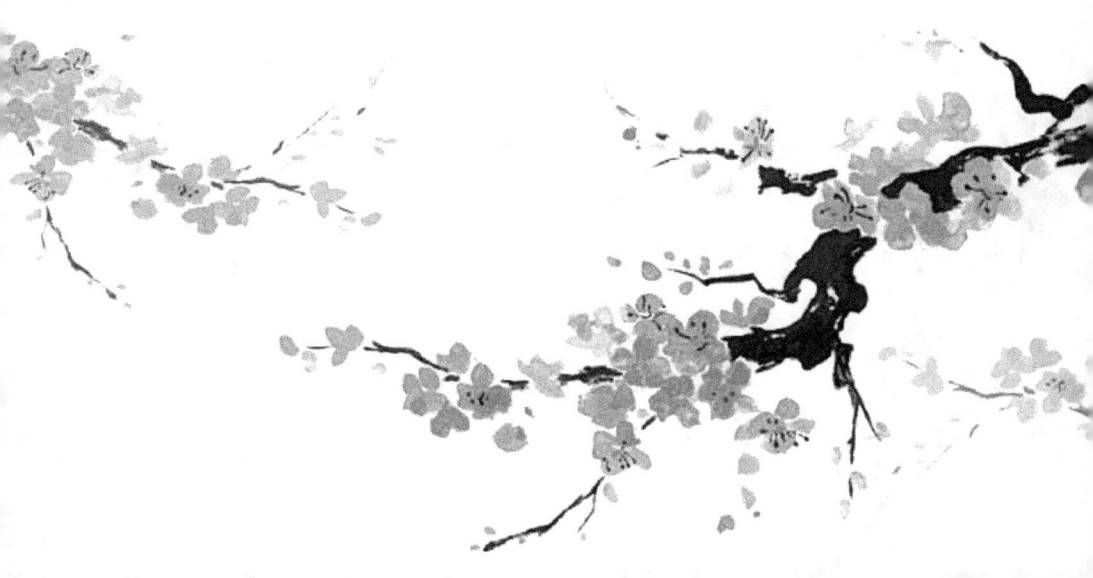

Reloj de estrellas,

noche cuenta sus secretos,

tiempo celestial.

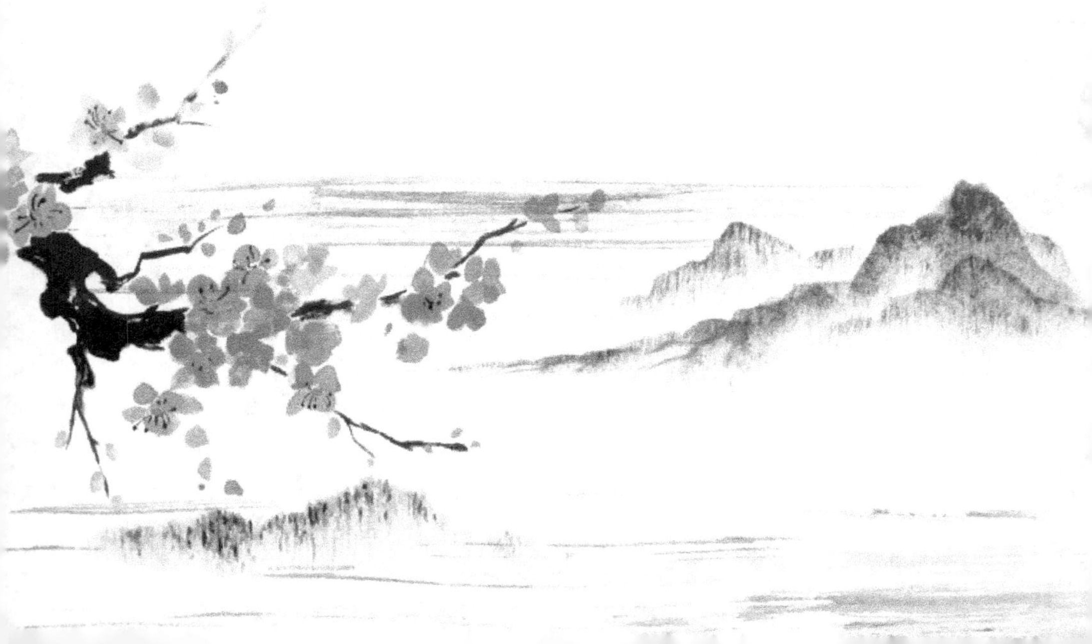

Cielo de papel,
cometas danzan al viento,
sueños que vuelan.

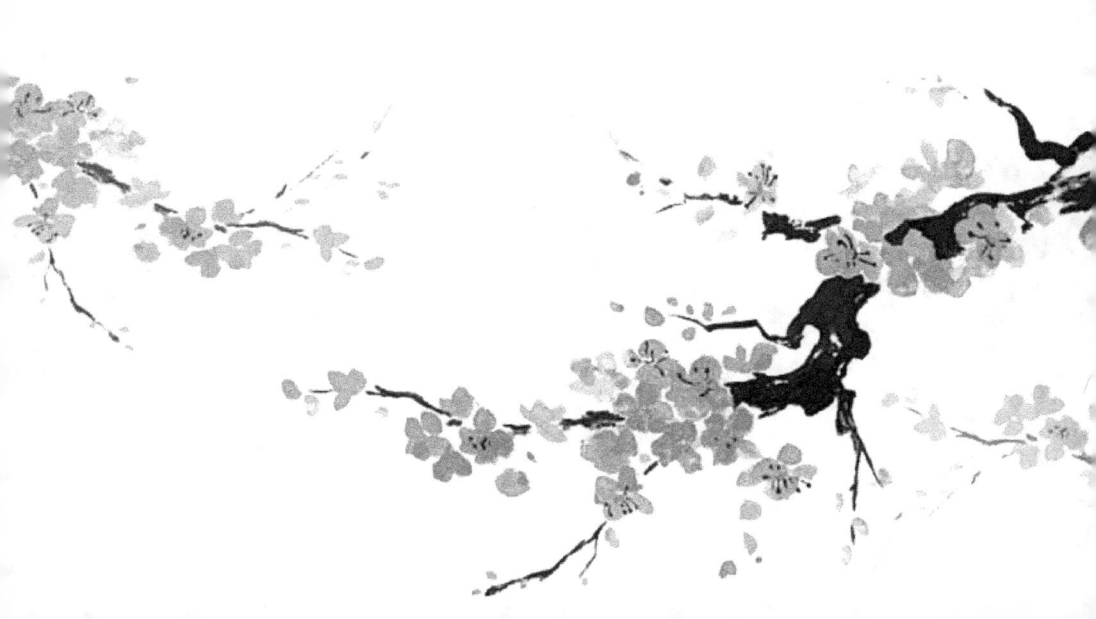

Auriculares puestos,
calle bulle en silencio,
ciudad de notas.

Sinfonía de niebla,
bosque en misterio canta,
hojas susurran.

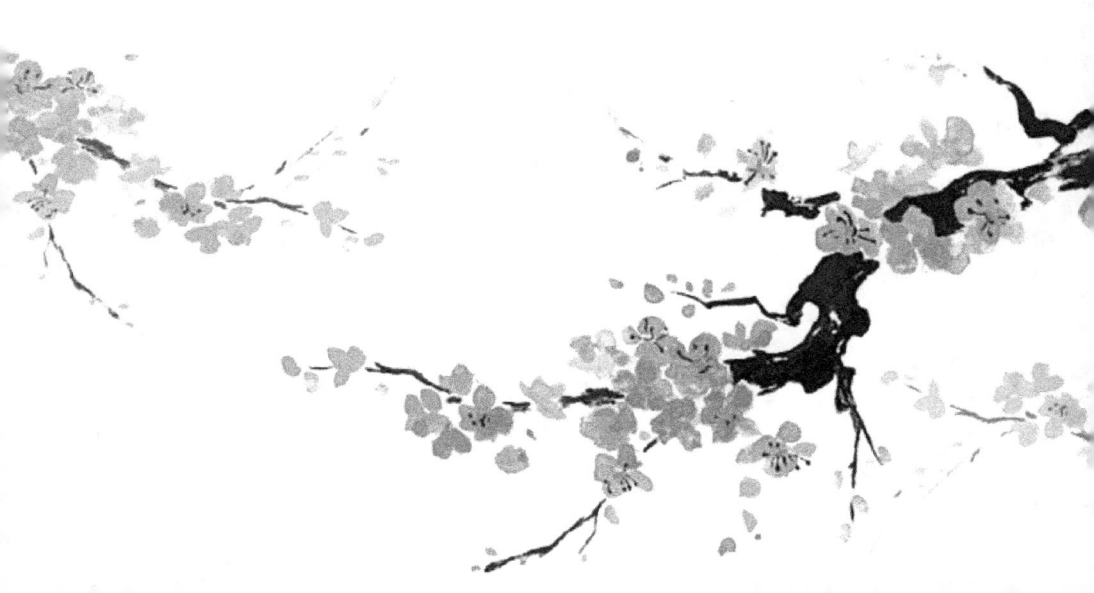

Sombras que bailan,
marionetas del viento,
teatro del crepúsculo.

Flores en su risa,
jardín de delicadeza,
mujer, primavera.

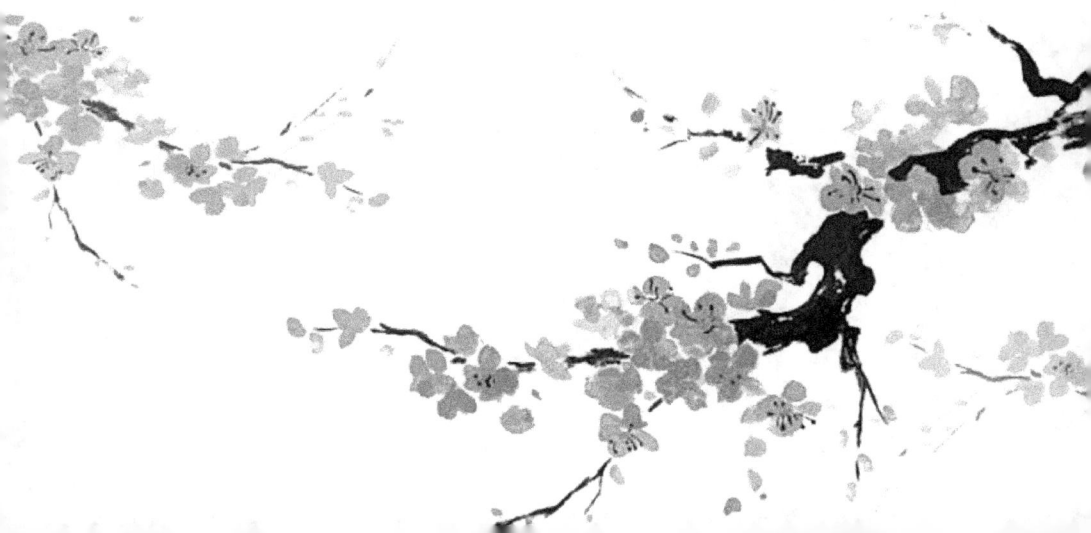

Montaña de amor,
cumbre en su serena paz,
mujer, naturaleza.

Reloj de arena,
granos cuentan historias,
tiempo susurra.

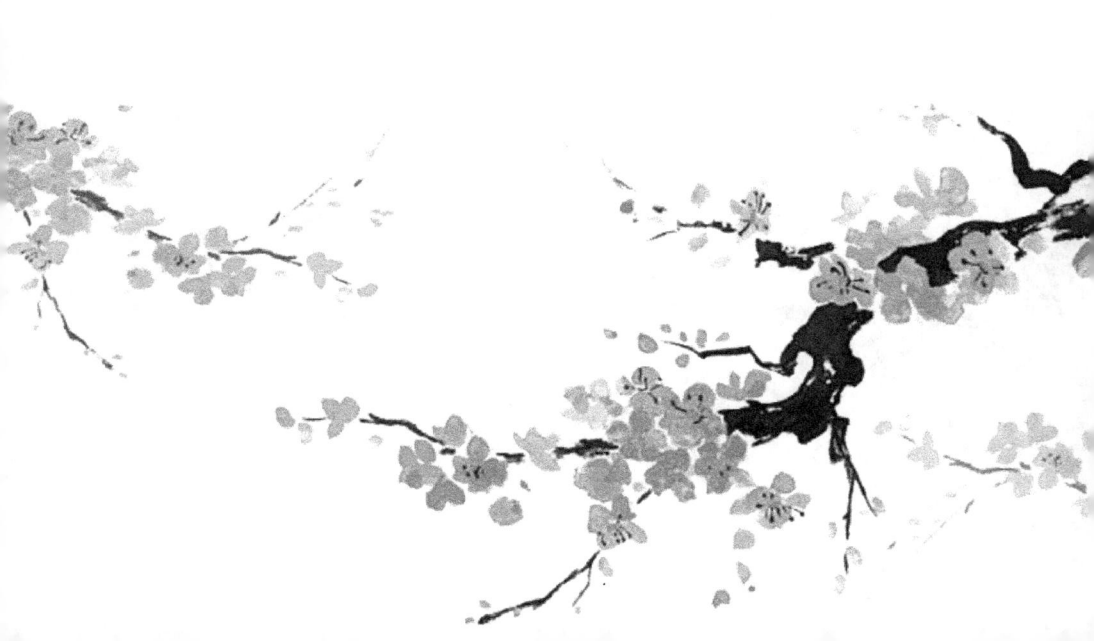

Luz en su mirar,
fortaleza en cada paso,
mujer, sol eterno.

Piedras que murmuran,
montañas cuentan secretos,
eco del silencio.

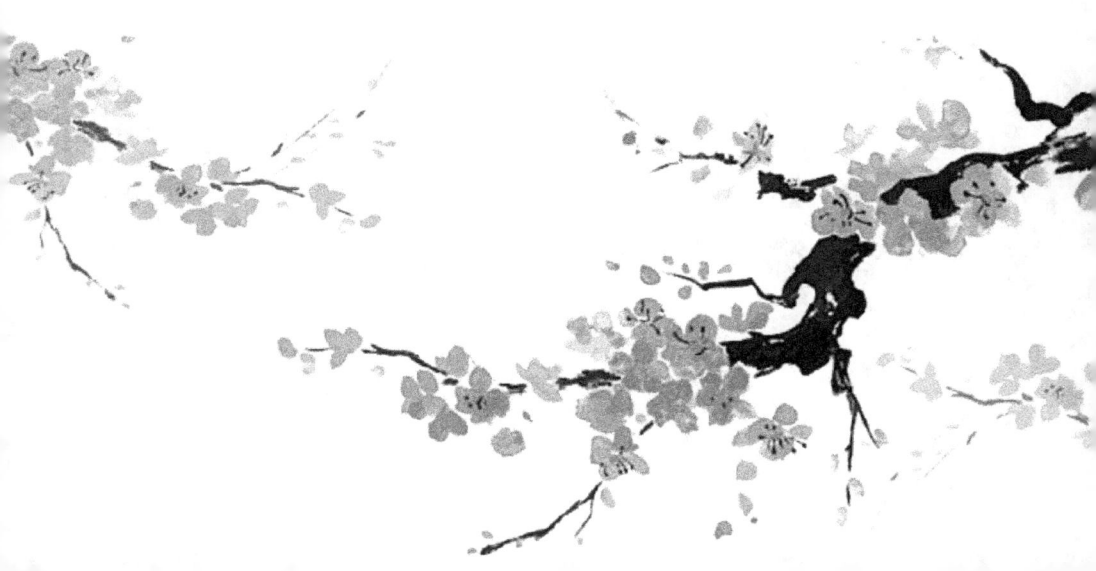

Auroras de sal,
mares danzan al ocaso,
playa de cristal.

Jardín de espejos,
reflejos en cada pétalo,
flores de ilusión.

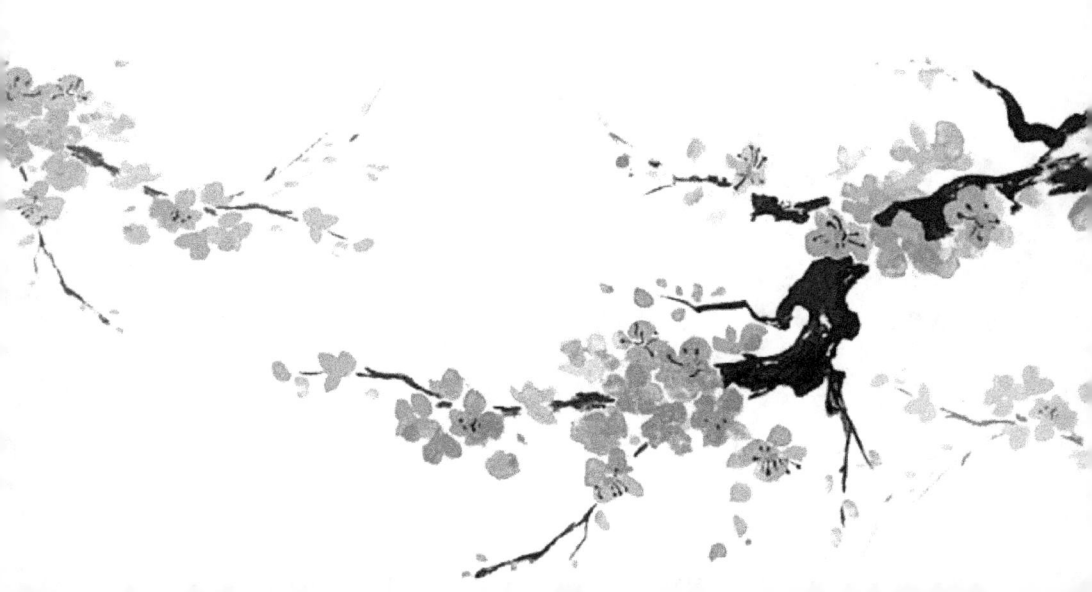

Cascada de sueños,
rocío en el bosque verde,
amanecer canta.

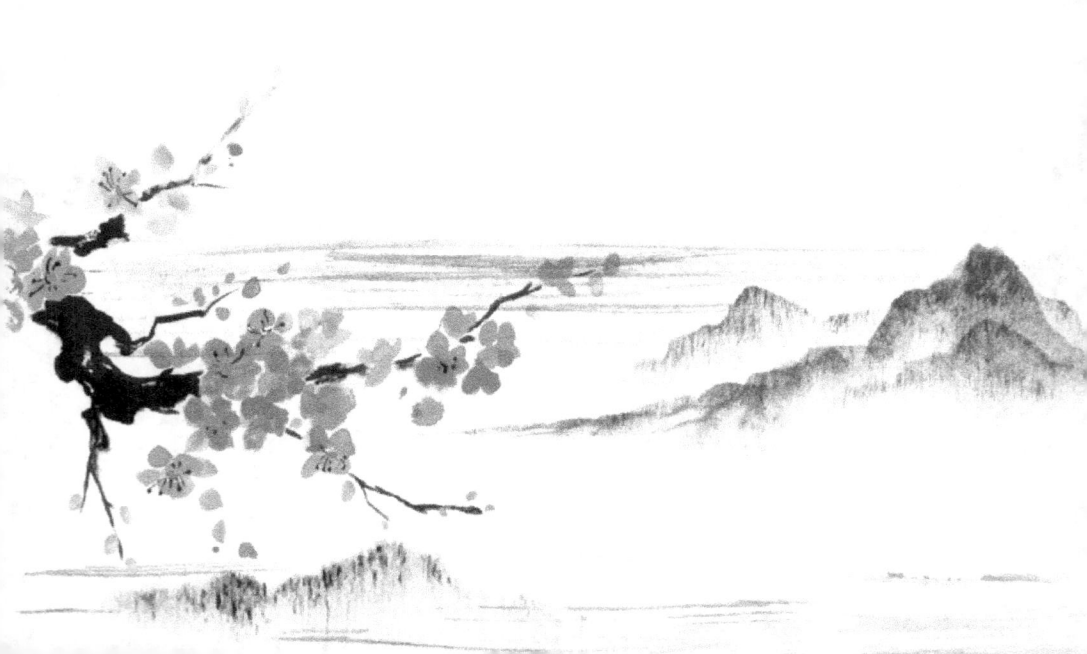

Sombras de siluetas,
circo en la luna llena,
noche de magia.

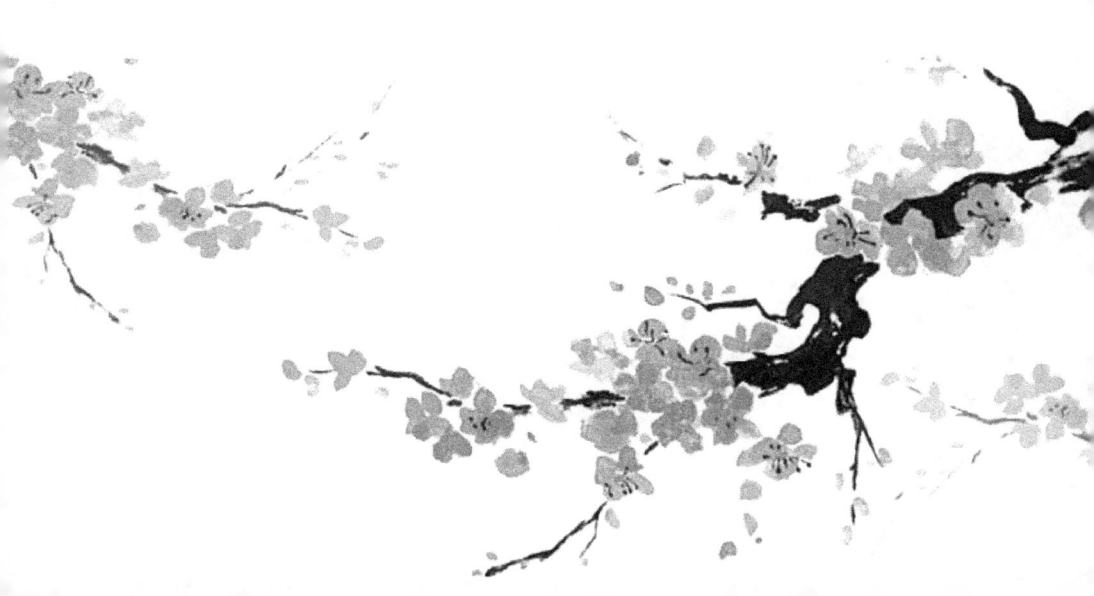

Cielo de primavera,
pétalos caen como sueños,
susurran flores.

Luna en silencio,

susurra secretos nocturnos,

sombras danzan libres.

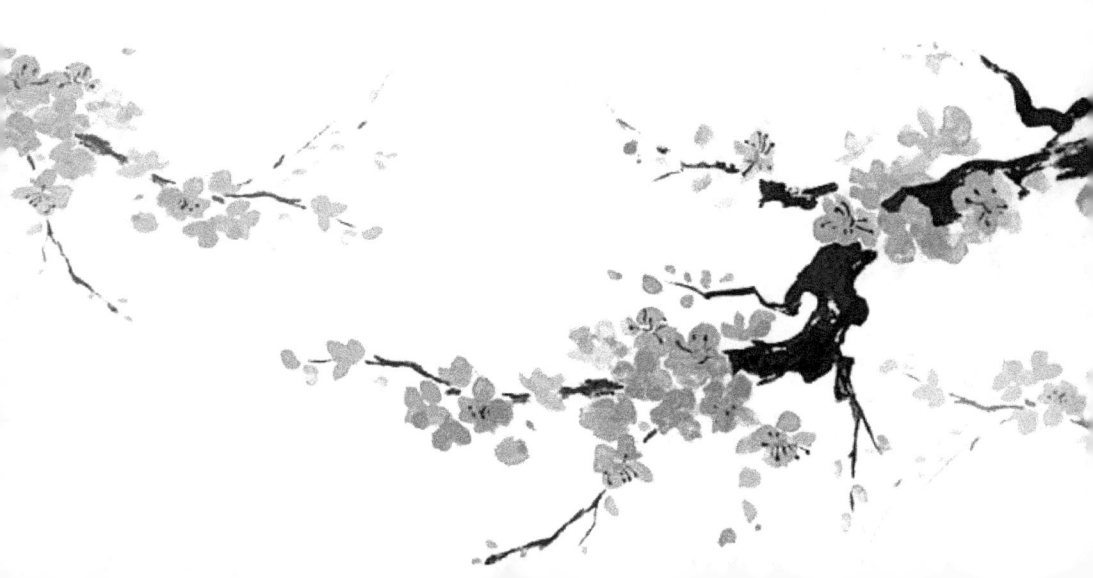

Cerezos en flor,

pétalos caen como lluvia,

primavera canta.

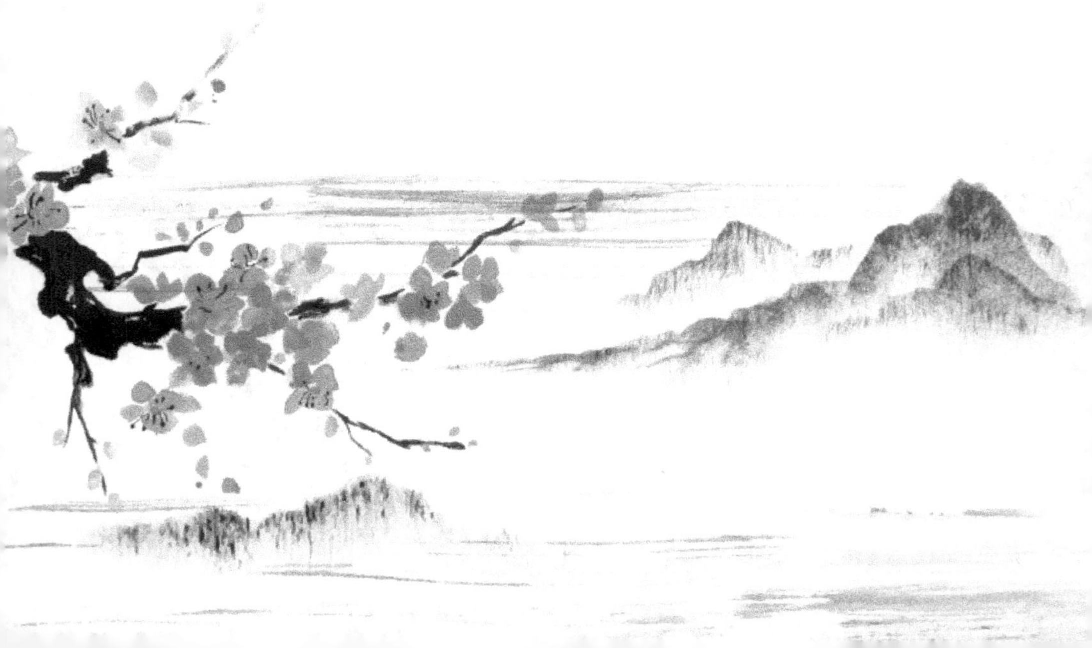

Trenzas en el viento,
cuentos en cada hebra,
historia de trenzas.

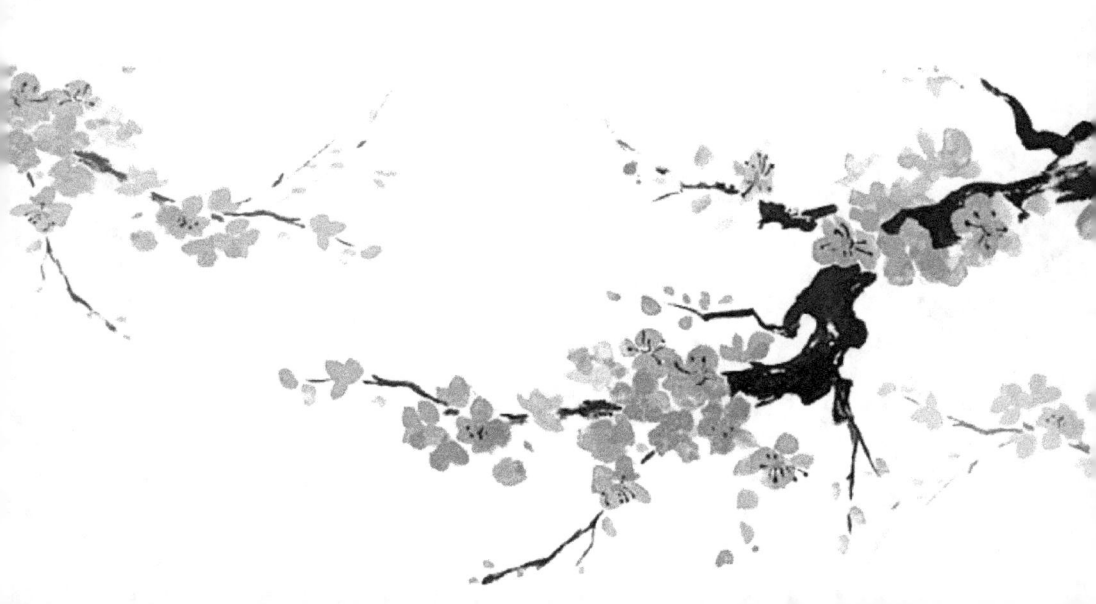

Viento en la montaña,
suspiros de hojas danzan,
naturaleza canta.

Mariposa fuerte,
en su vuelo, libertad,
cielo en cada ala.

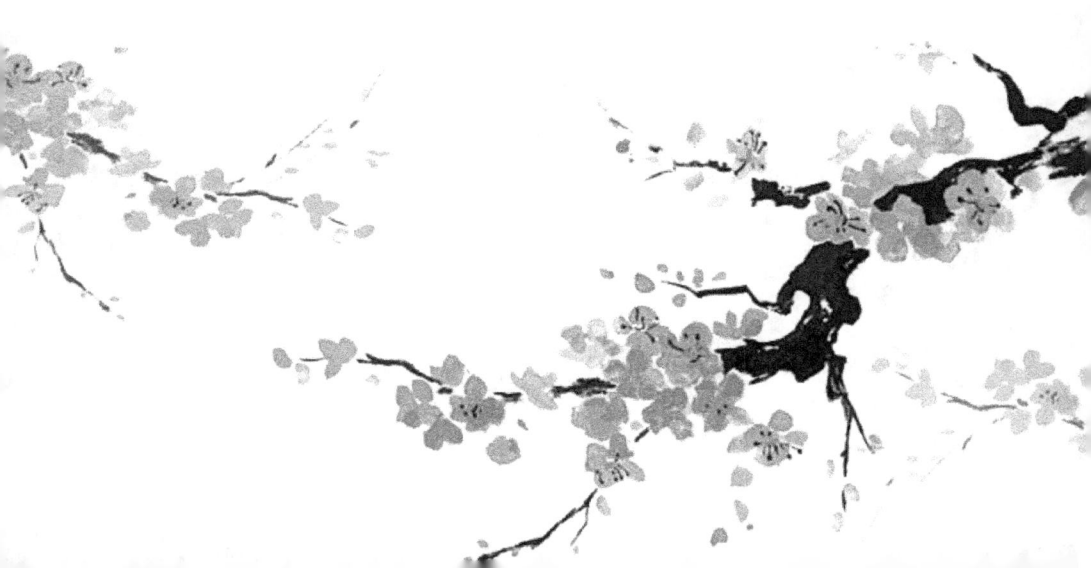

Danza de colores,
mujer teje su historia,
hilos de valor.

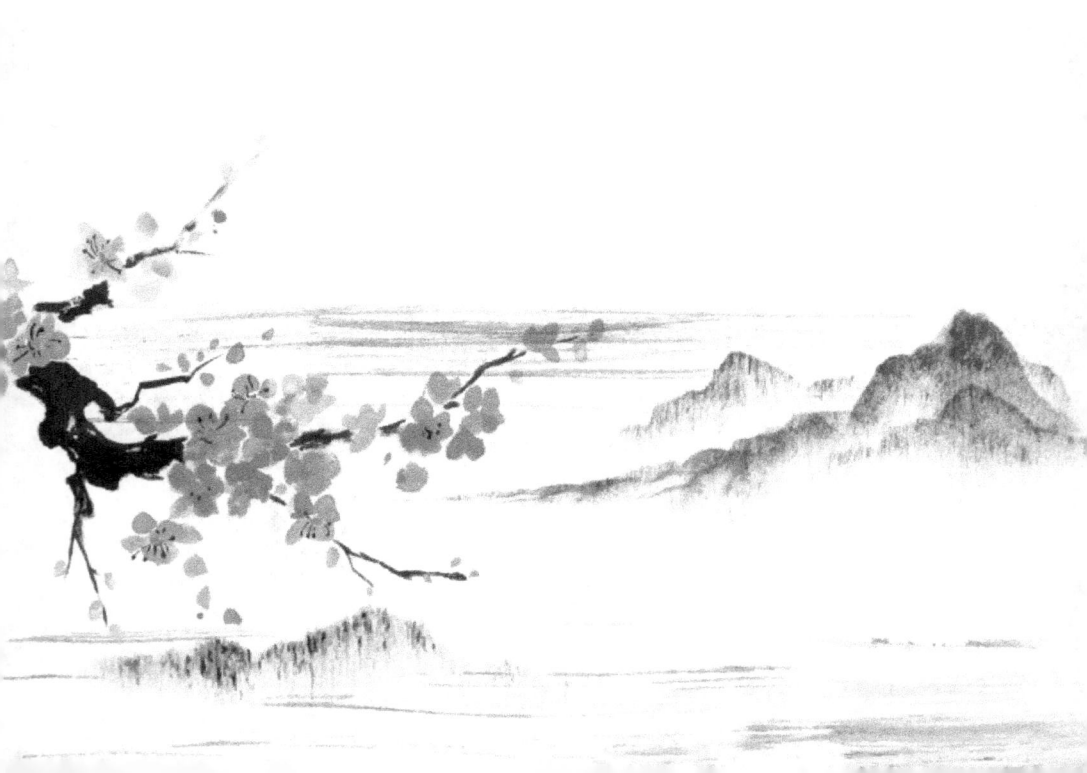

Auroras de fuego,
cielo en llamas de danza,
amanecer ríe.

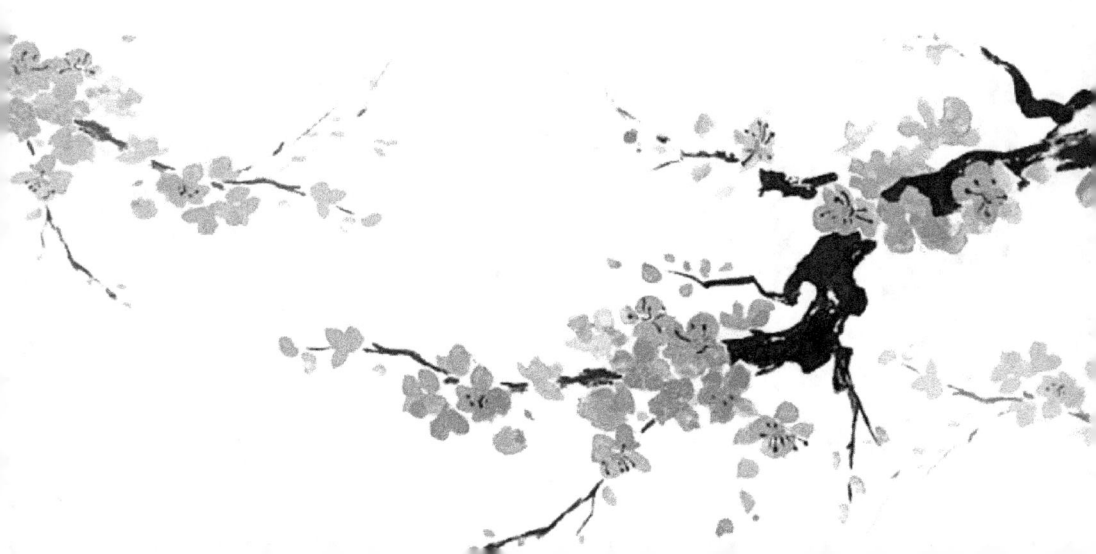

Olas doradas,
playa besada por sol,
poesía de mar.

Cielo estrellado,
un deseo se desliza,
noche de anhelos.

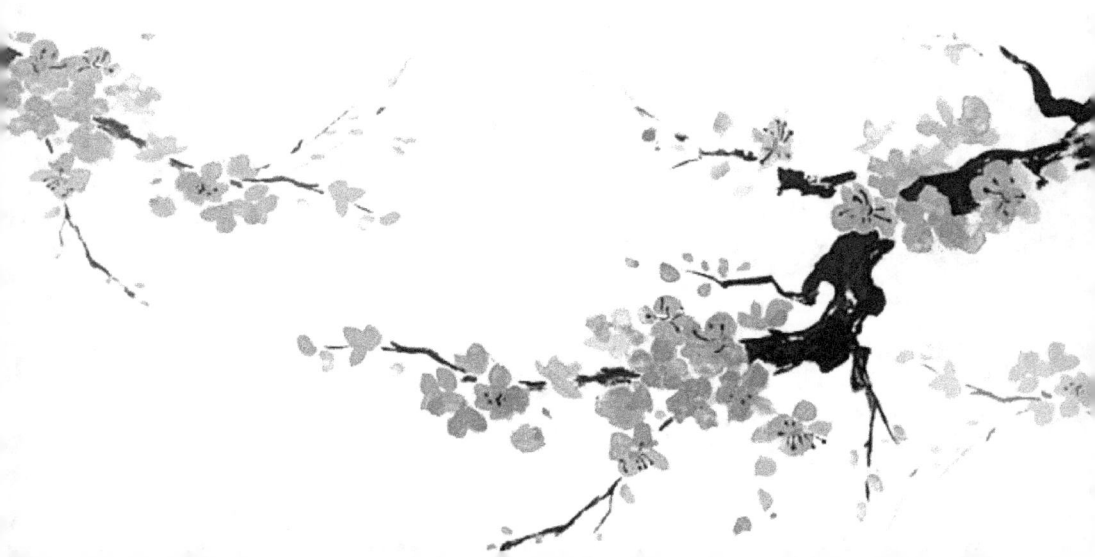

Petirrojo canta,
amanecer en silencio,
día nace en paz.

Cascada de sueños,
entre piedras el tiempo fluye,
río de la vida.

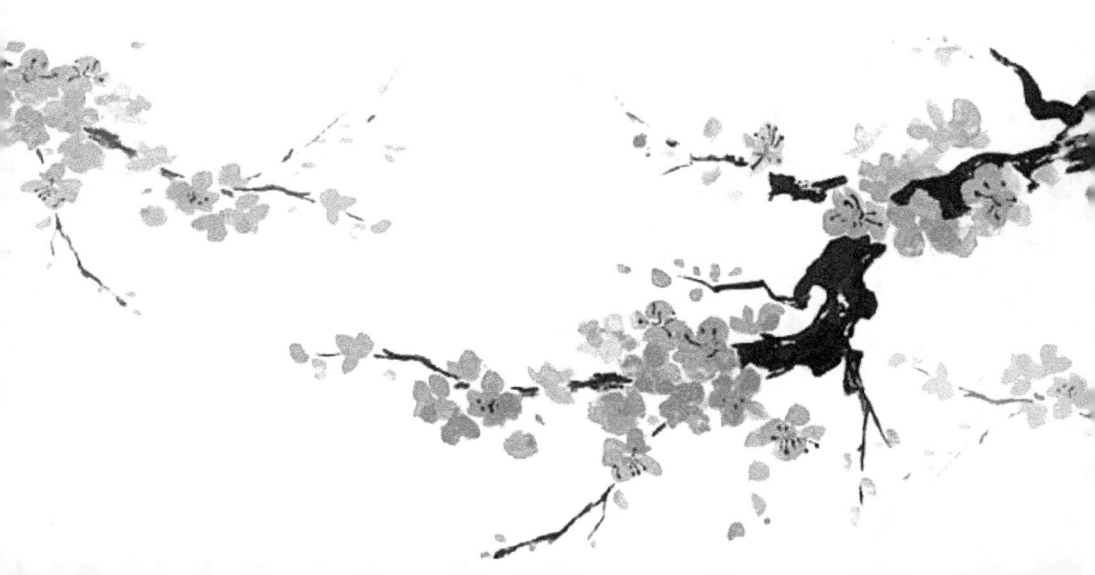

Aurora pintada,
pinceladas de luz nueva,
cielo renace.

Brote en la colina,
primavera suspira,
flores dan la luz.

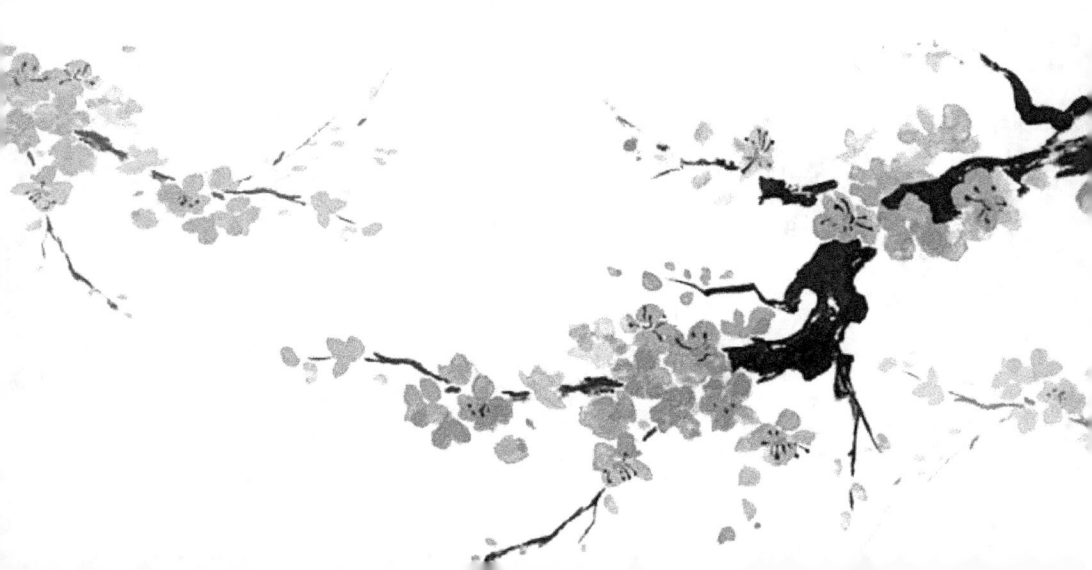

En el bosque quieto,

hojas caen como suspiros,

ciclo que se cierra.

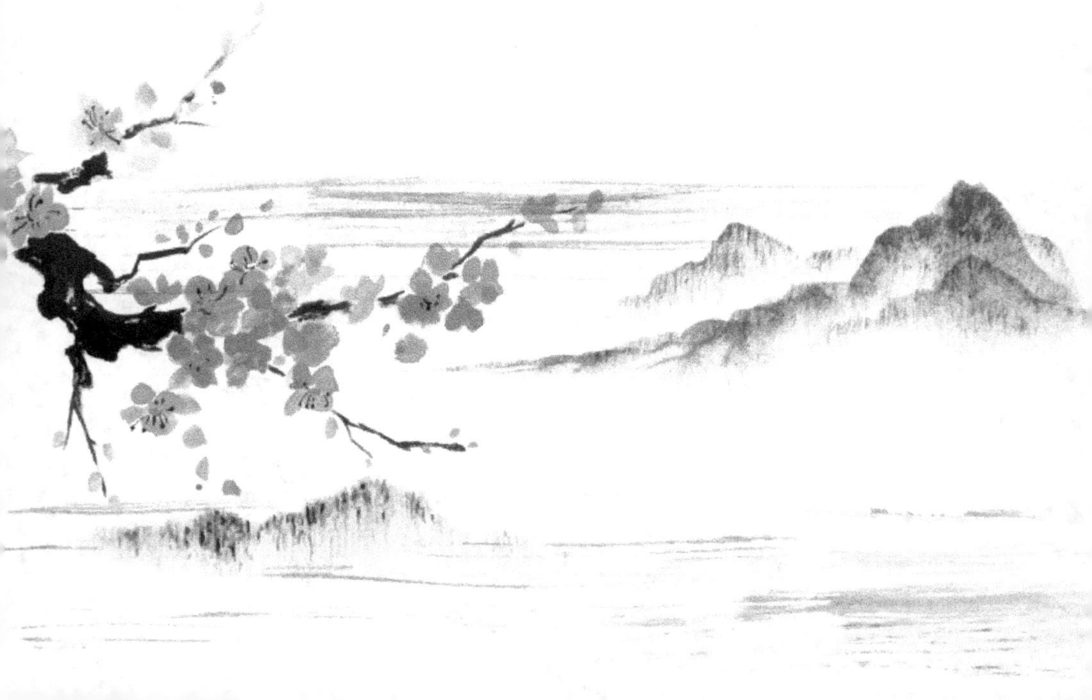

Jardín de neón,
flores eléctricas danzan,
noche se ilumina.

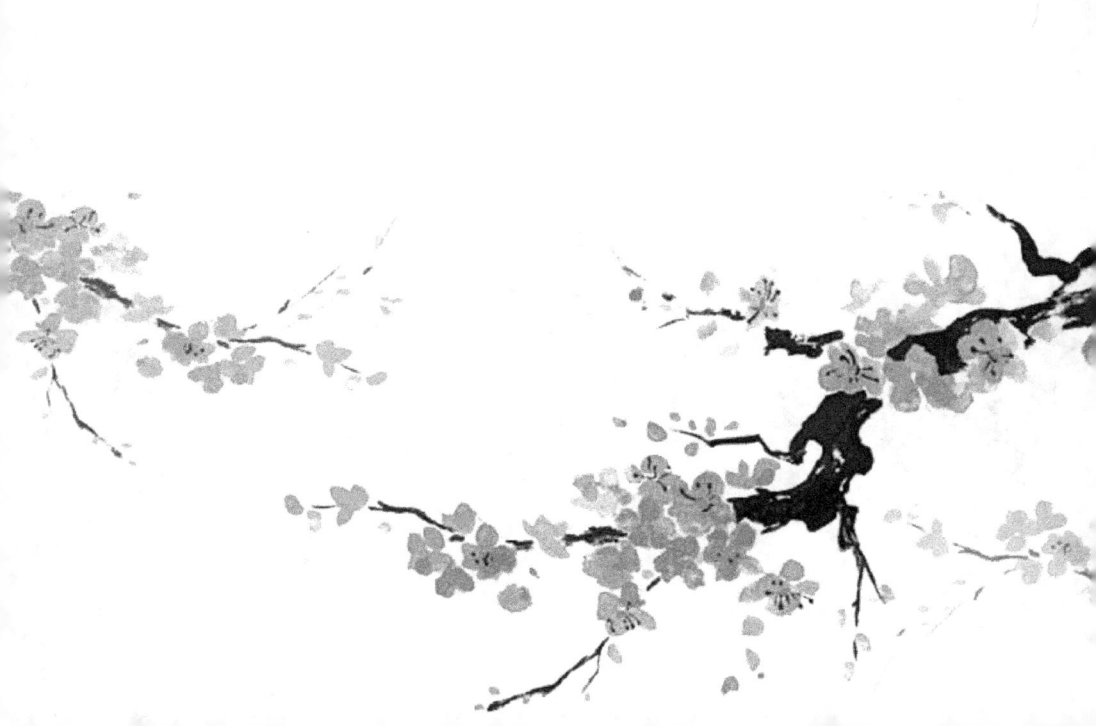

Lucero en la mar,
olas cantan su canción,
noche en calma va.

Camino de hojas,
huellas que el viento deshace,
otoño se va.

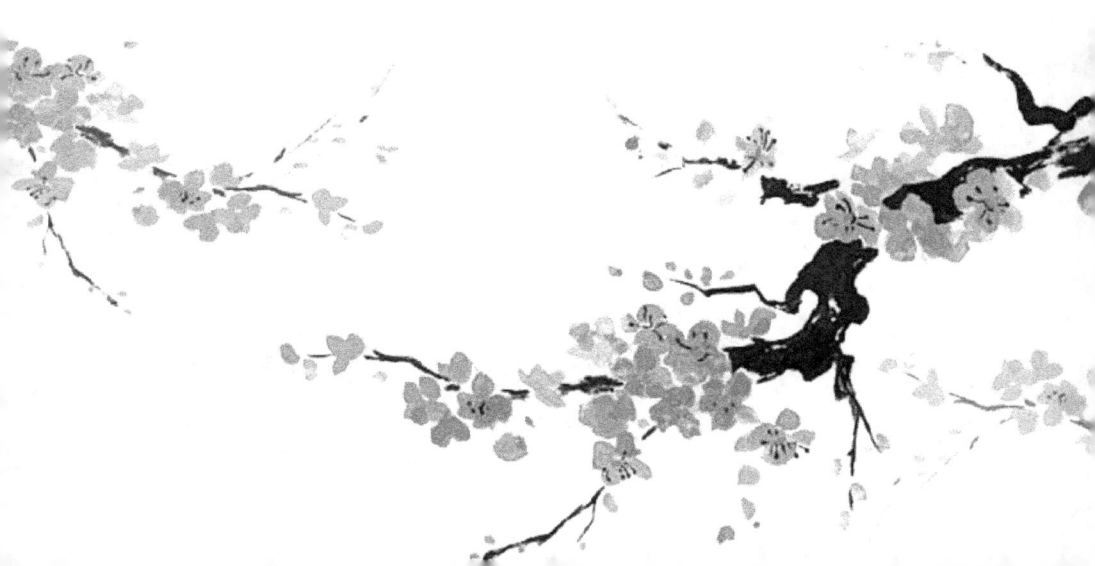

Ciclo sin final,
sol y luna danzan juntos,
día a noche va.

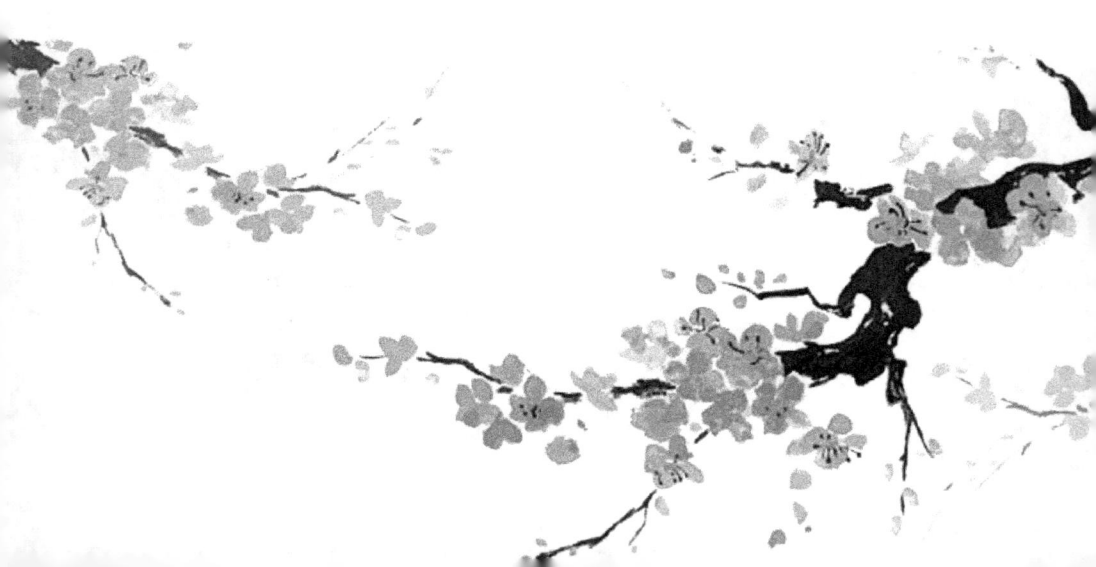

Silueta al atardecer,
ciudad en calma se despide,
luces sueñan alto.

Mariposa danza,
jardín de colores vibra,
efímera vida.

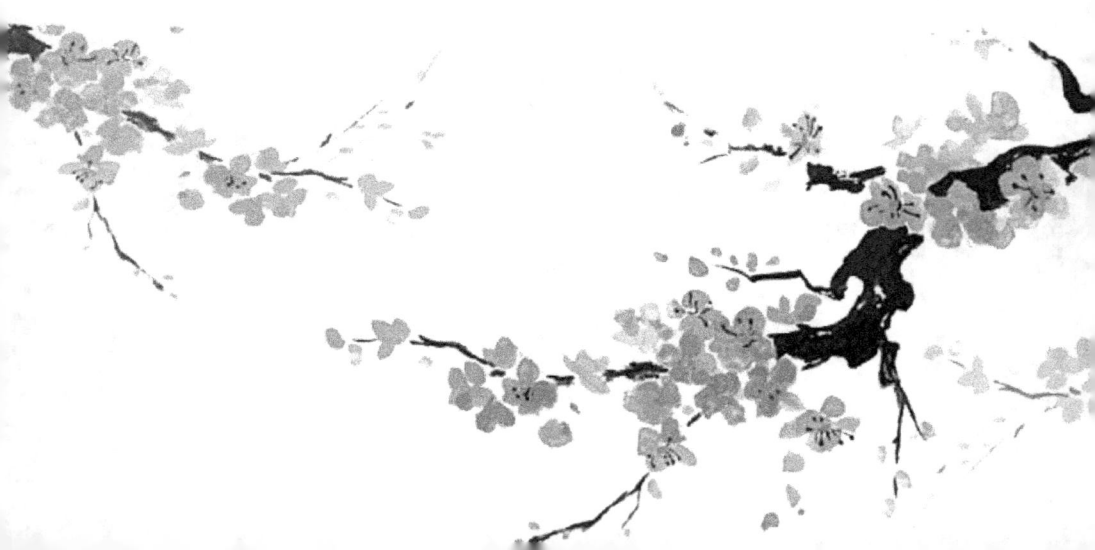

Viento entre cañas,
susurros del bosque anciano,
secretos en aire.

Llanto de la lluvia,

tejido de gotas danza,

tierra se renueva.

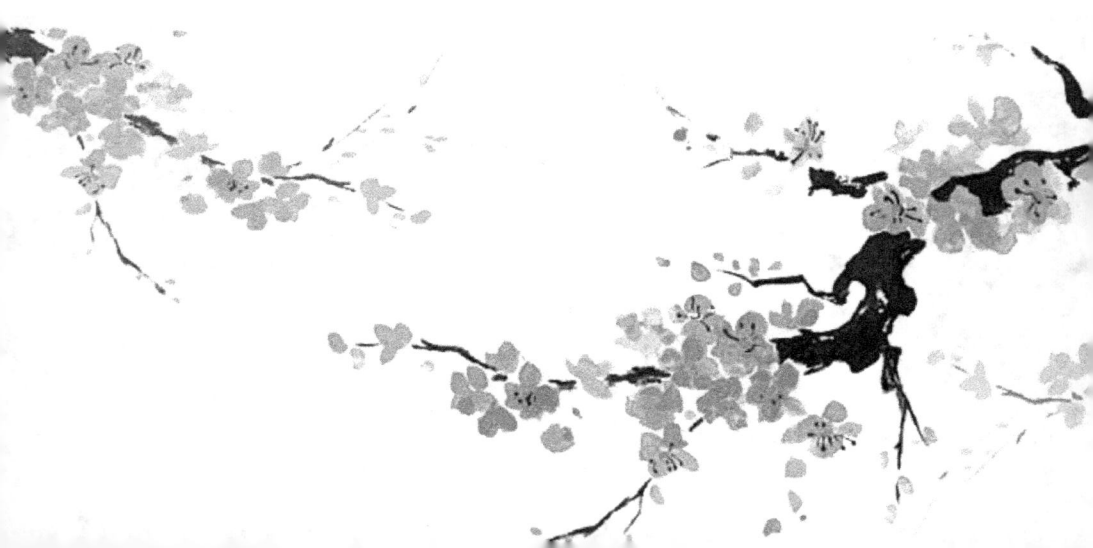

Espejo de agua,
reflejo del alma errante,
navega el silencio.

Montañas susurran,

eco de piedras antiguas,

historias en rocas.

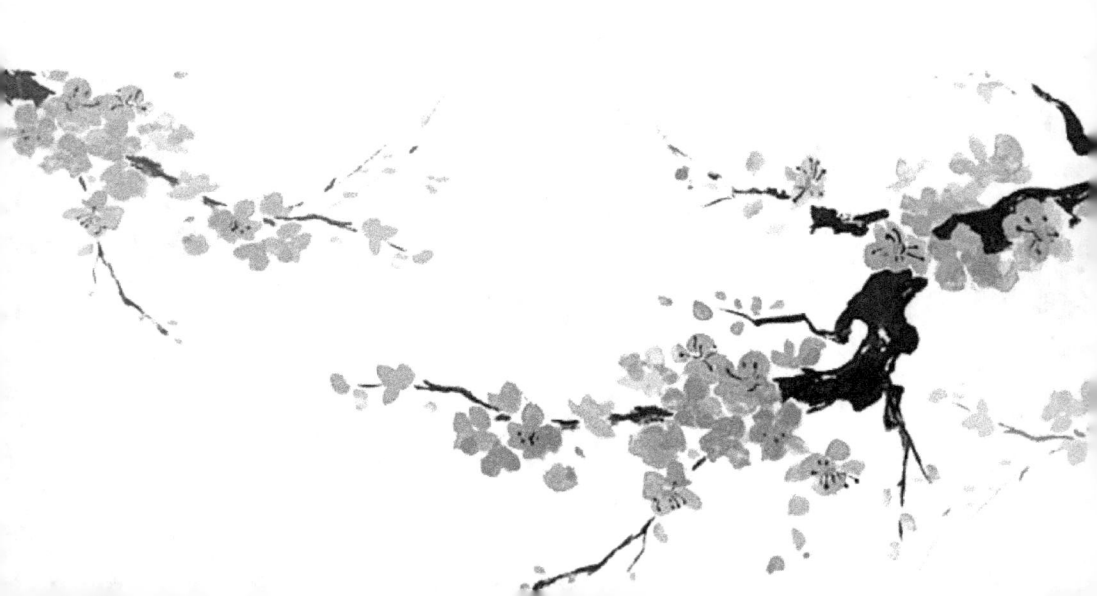

Luna en cristal,
noche bordada de plata,
secretos se asoman.

Aves en vuelo,
melodía de alas libres,
cielo en sinfonía.

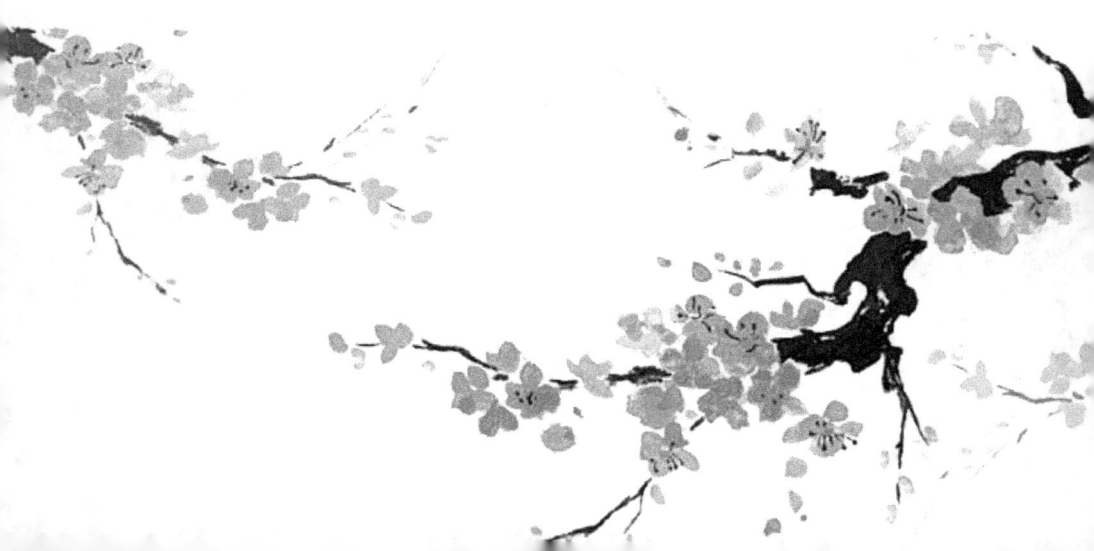

Entre sombras danza,
el susurro del crepúsculo,
un sueño despierta.

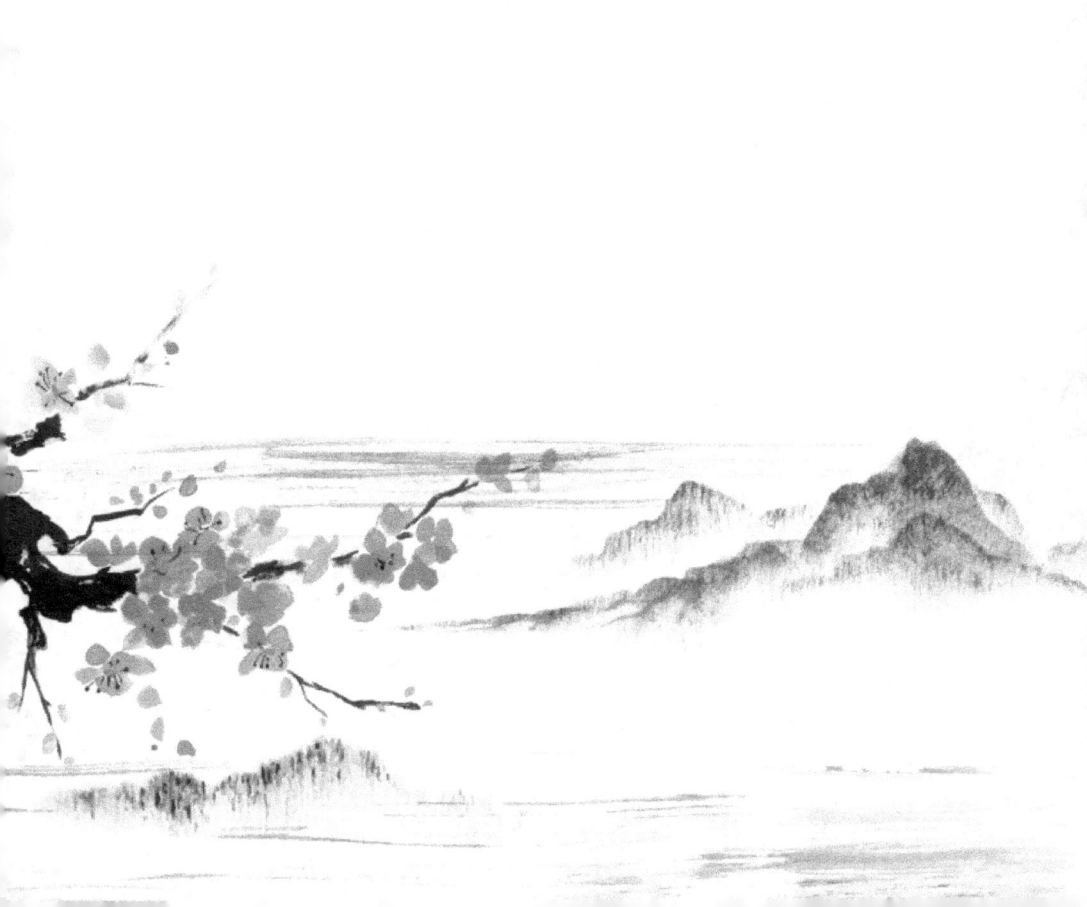

Canto de la brisa,
mariposas de luz danzan,
primavera ríe.

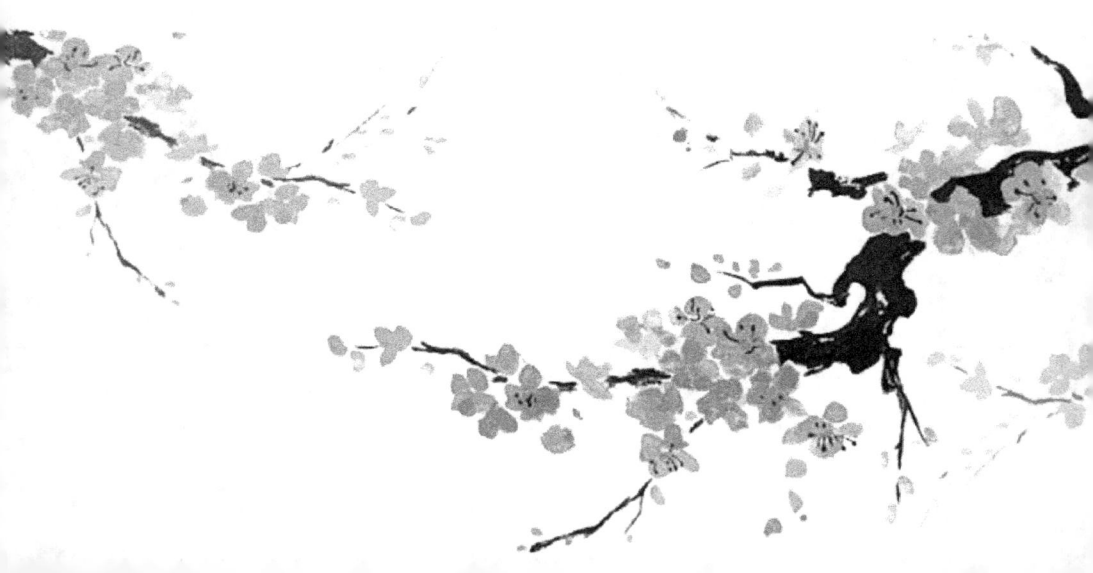

Reflejo de río,
en el espejo del tiempo,
se desliza el sol.

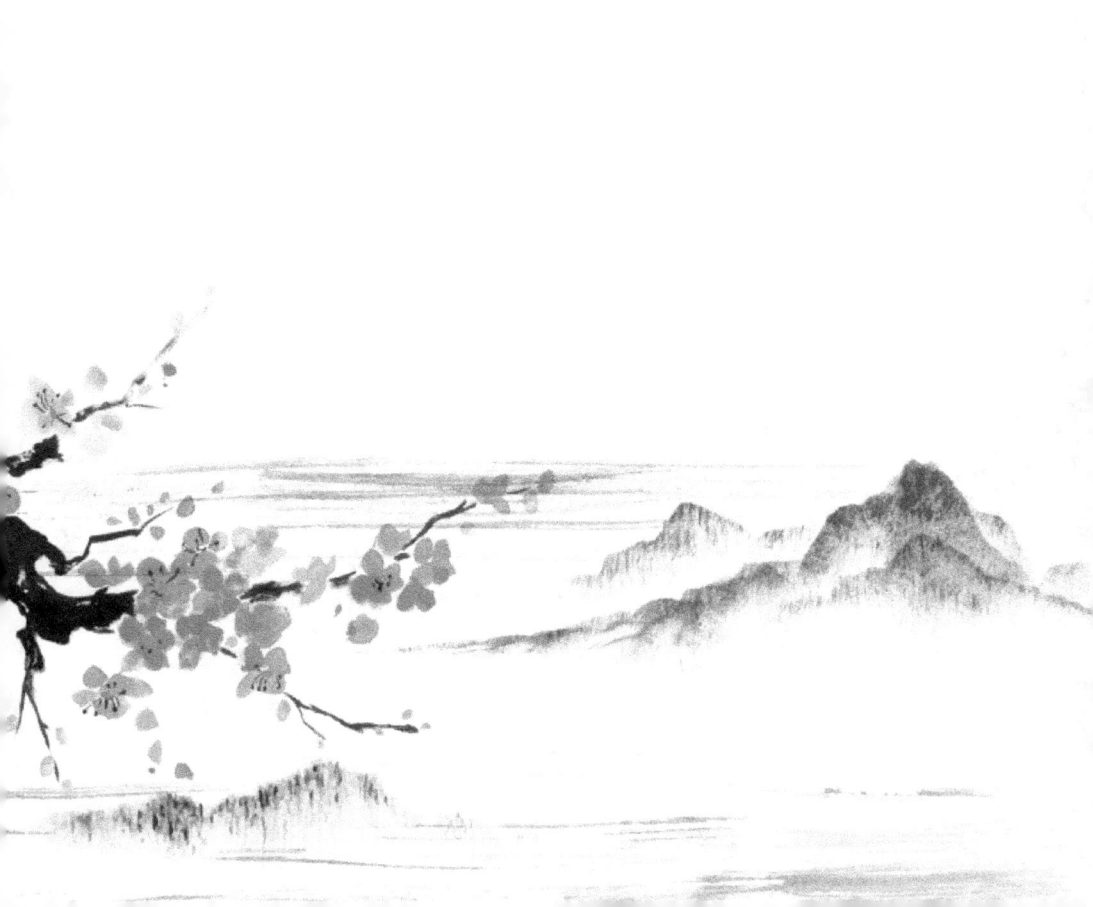

Sinfonía de hojas,
viento toca la arboleda,
otoño en concierto.

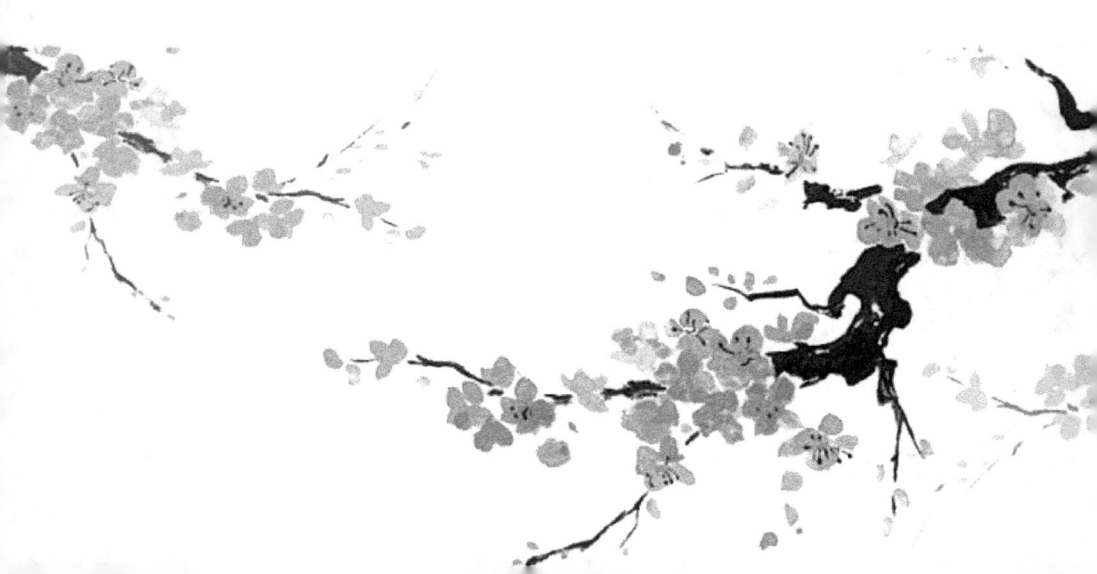

Rastrillo en arena,
jardín zen de pensamientos,
calma que florece.

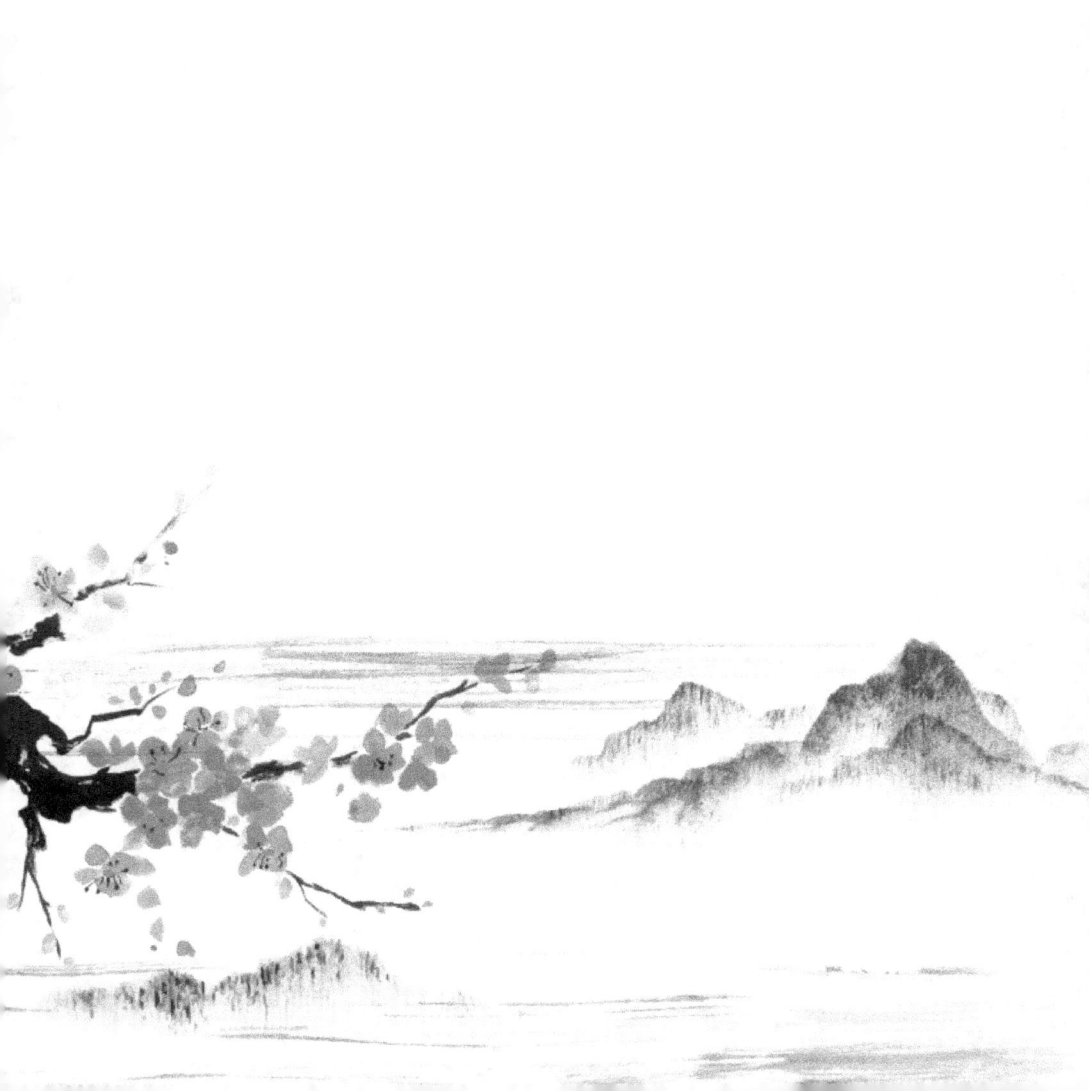

Espejismo verde,

selva en susurros calla,

vida que respira.

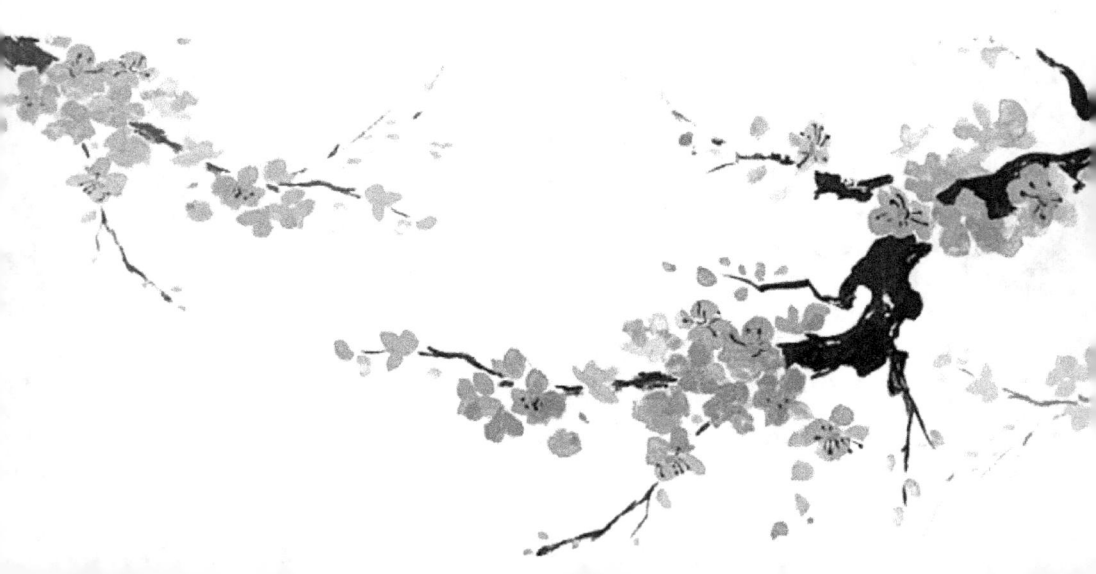

Silueta de viento,
pájaros dibujan nubes,
cielo en movimiento.

Caminos de humo,
en la taza el té cuenta
historias de niebla.

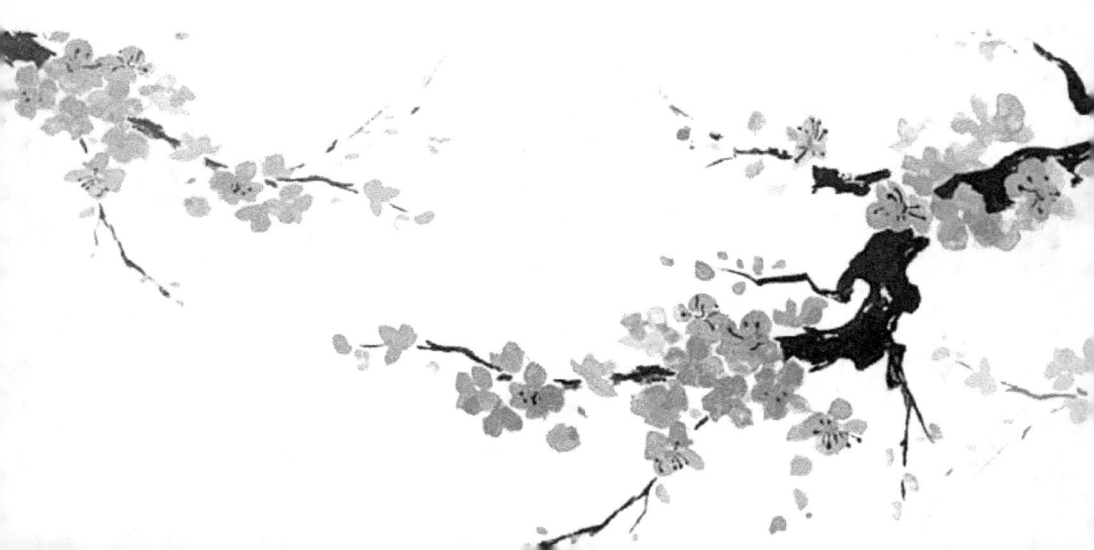

Círculo de sal,
la luna bebe el océano,
noche ebria de luz.

Sombra del bambú,
en el silencio danza,
el sol se retira.

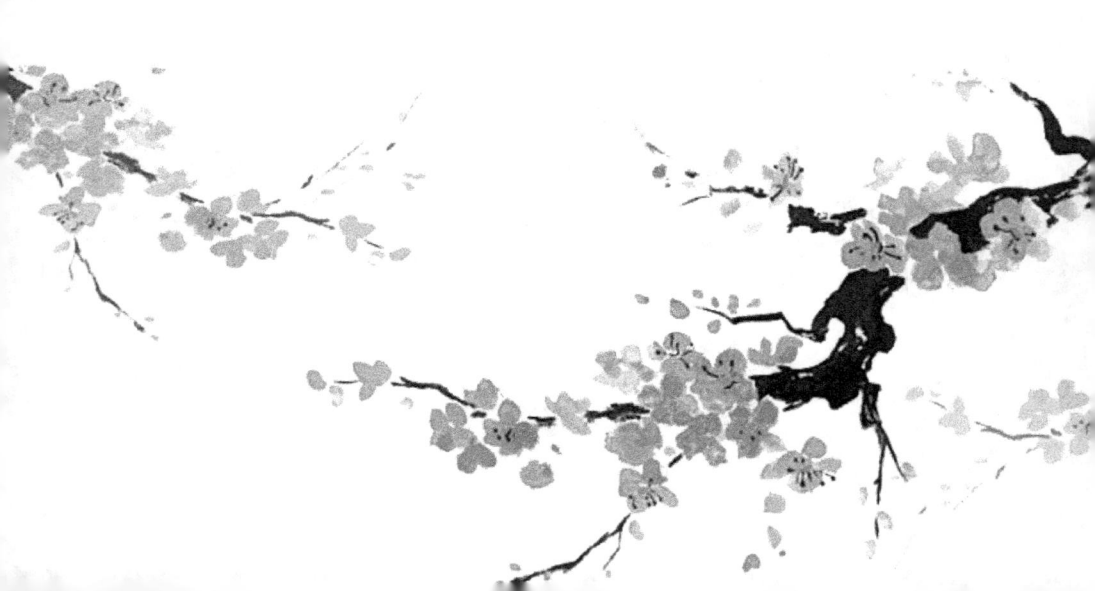

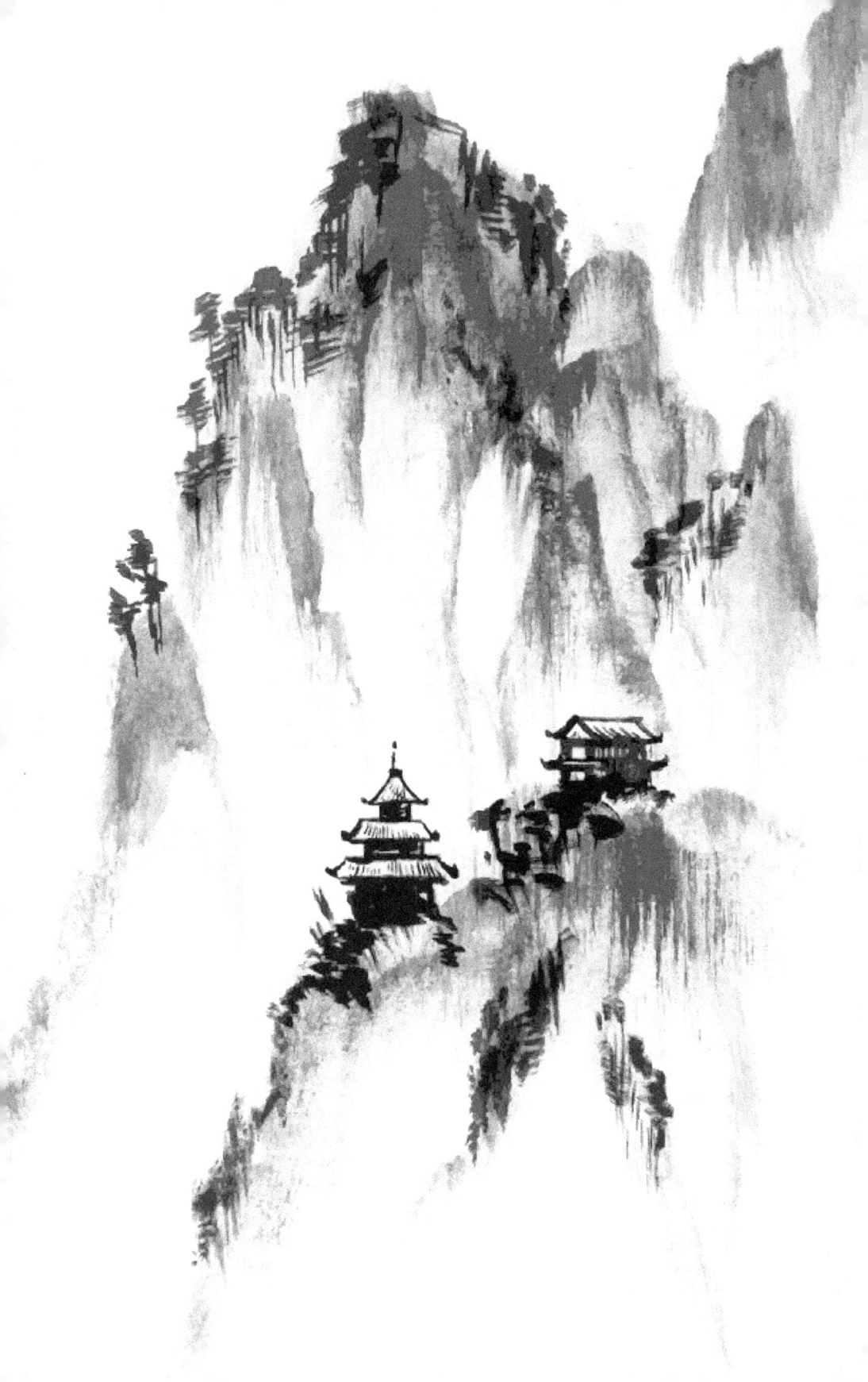

www.ingramcontent.com/pod-product-compliance
Lightning Source LLC
Chambersburg PA
CBHW070023300526
45794CB00001B/400